還暦タイミーさん奮戦記

60代、スキマバイトで生きてみる

須来間唄人
SUKIMA BAITO

花伝社

還暦タイミーさん奮戦記——60代、スキマバイトで生きてみる◆目次

第1章　還暦タイミーさん、デビューの巻

第2章　還暦タイミーさん、びっくり仰天の巻

第3章 還暦タイミーさん、知恵を絞るの巻

第4章　還暦タイミーさん、哲学するの巻

本書の内容はすべて著者の体験に基づく事実ですが、登場人物は仮名になっています。

まえがき

令和5年4月、ぼくは還暦を迎えた。ふだん若い気でいるが、いざ60歳になってみると、たちまち老いを感じてしまう。

たしか日本人男性の平均寿命は81歳のはず。すると残り20年ほどで人生が終わる。これはまずいことになった。ぼくはしばらく茫然自失した。

ぼくが子どもの頃、還暦を迎えた人といえば〝おじいちゃん〟だった。赤いちゃんちゃんこを着て、妻や子たち、ときには孫たちに祝われる初老の男性を思い浮かべた。

ぼくには子どもがいない。今はバツ2で独身である。このまま〝おひとりさま〟で、やがてご臨終だろう。孤独死でもやむを得ないと思っている。

財産はひとつもない。貯金もわずか。借金はないが、金には本当に心細い。幸い健康で、仕事さえあれば働ける。

どこかの会社に勤務しているのでもない。暮らしを立てるには、アルバイトなどをして稼ぐしかない。自宅は賃貸アパート。家賃を滞納してはいないが、毎月それを払えば生活はカツカツの状態である。

父も母もすでに他界した。ぼくはひとりっ子で、兄弟姉妹に頼ることもできない。ふるさとは大阪だが、今は石川県金沢市に居住している。だから親戚も近くにいない。60歳になると、社員として雇ってくれるところもない。さぁ、困ったぞ。これからどうやって生きていけばよいのか。途方に暮れた。

そんなある日、テレビのニュースでタイミーを知った。スキマバイト？　スポットワークともいうが、いずれにせよ聞き慣れない言葉だ。しかし興味を惹かれた。ニュースでは、通常のアルバイトとは異なり、長期契約を結ばずに自分の都合のよい時間だけ働くアルバイトのことだと言っていた。1日や数時間単位で雇用される。1～3時間程度の仕事が一般的らしい。

タイミーでスキマバイトをしている男性が紹介されていた。彼は颯爽と働いていた。とても楽しそうだ。しかしテレビに映っていたのは若者だった。ぼくのような還暦を迎えた者が同じように働けるだろうか。不安だったが、気がつけば、何となしに手元のスマホでタイミーのアプリをダウンロードしていた。

タイミーの登録は簡単で、数分で済んだ。ぼくが暮らしている金沢市に対象地域を設定すると、日ごとに企業のスキマバイトの求人が掲載されていた。比較のために太平洋側都市圏（例えば東京や大阪）の募集も見てみたが、地方都市は求人数が少ないように思えた。

あまりよい仕事がないな……そういう印象だった。でもひとつもないわけでもなく、とりあえず目に留まった人員募集を見てみる。

まぁ、いいか。やってみよう。応募は簡単な操作でできた。すぐにマッチングされた。


その日からぼくはタイミーで働くことになる。みるみるうちに2年近くが経った。愉快で楽しいこともあったが、嫌な経験もした。タイミーワーカーがどういう実態なのかをよく知った。

本書では、現実のぼくの姿をありのままに書き下ろした。すべてぼくの実体験である。

スキマバイトアプリを運営する株式会社タイミーは、2024年7月に東京証券取引所グロース市場に上場した。同年12月、累計ワーカー数は1000万人を超えたと公表している。

ぼくのような60代以上のワーカーも多かろう。〝還暦タイミーさん〟と名づけさせてもらった。

還暦タイミーさん奮戦記を、とくとご覧いただくことにしよう。

第1章

還暦タイミーさん、デビューの巻

1　タイミーさんと呼ばれて：緊張の初出勤

タイミーで初出勤の日は緊張した。マッチングされたのはＳ物流。求人要項に、仕事は「倉庫内で飲料などのピッキング」と書いてあった。

就業開始時刻前に余裕をもって現場に到着した。事務所に入り、あらかじめ案内されている通り「タイミーから働きに来ました」と声がけをする。

「こんにちは。タイミーさんは、15分前からＱＲコードを読み込んでもらいます。しばらく控室でお待ち下さい」

噂に聞いていたが、ぼくは〝タイミーさん〟と呼ばれるようになった。そしてＱＲコードを読み込むという、つまりはタイムカードを打刻するような手続きを知った。

就業時間は12時から17時30分まで。途中休憩が15分ある。実労働時間は5時間少し。すぐに終わるだろうと思っていた。

控室に担当者が迎えに来てくれた。黄色い帽子を被るように渡される。ぼくの他にタイミーさんは２人いるようだ。

かなり広い倉庫で、倉庫の中奥の壁側に整然と、列ごとに各種飲料が上下２段、パレットに積まれている。反対側は外に開放されていて、トラックがつけられるようになっている。その中央部に埋め尽くすように、大量のカゴ車が並べられてあった。

「空のカゴ車を1台動かします。番号のついたシールの順で、倉庫の飲料のダンボール箱をピッキングしてカゴ車に乗せて下さい」

「ピッキングしたカゴ車は、ほら、あの上の壁に行先番号があるでしょ。該当の番号の列に並べて下さい」

説明では簡単そうで、どうやら手間取ることはなさそうだと思った。

タイミーさん以外にも、この仕事をしている人は現場に何人もいた。その人たちの動きを見ていて、大体の作業手順はわかった。さっそくぼくもやってみる。

いざはじめてみると、三つの問題が発生した。一つ目は、各シール番号と商品名から該当する飲料ダンボール箱をピッキングするのだが、その飲料がどこにあるのかすぐにわからない。倉庫列にもアルファベットや番号が振られているが、シールのそれと迅速に照合できないでいた。

二つ目は、そのダンボール箱がけっこう重い。中に飲料ペットボトルが入っている。一箱は10~15kg程度だろう。最初は簡単にカゴ車に積めていたが、ずっとやっていると両腕が疲れてきた。

三つ目は、カゴ車の荷物の積み方に戸惑った。ダンボール箱のサイズや形状は、飲料のそれに合わせているためまちまちなのである。乱雑に載せると、下の小さい荷物が上の重い荷物につぶされてしまう。そのため、カゴ車の荷のバランスが崩れてしまう。

「タイミーさん、こんな積み方をしたら、カゴ車をトラックに載せたとき、走行中に荷物が崩れてしまうよ」

何度もダメ出しされ、その度に一から積み直した。

そんなこんなでぼくの初出勤は終わった。途中短い休憩はあったものの、けっこう体力を消耗した。へとへとに疲れた。

終了時刻になると、現場の社員が声をかけてくれた。タイミーさんのぼくらは、帽子を返し、事務所へと向かう。着替えてから、ここでもＱＲコードを読み込む。そしてＳ物流を後にした。

スマホでタイミーを見ると、今日の就業時刻がきちんと記録されていた。必要なのはスマホのみ。自分の名前が呼ばれなかったことにはそれほど違和感はなかった。タイミーさんと呼ばれて、とくに悪い気はしなかった。

2　安全靴と即時入金：すぐにあたる給料

S物流に何度か通った頃、タイミーで別の倉庫系の仕事がないか探してみた。するとヤマト運輸の求人に目が留まった。

「就業時間は3時から6時まで。休憩なし」と書いてある。給料は4800円。深夜割増も含むが、時給に換算すると1600円である。悪くない。行ってみようと思った。

ぼくは深夜労働は初めてだった。念のために前日は昼間によく寝ておいた。

S物流のときのように、当日は就業開始時の15分前には現場に到着した。

ところが現場でトラブルが起きた。タイミーでは求人要項に、ワーカーの装備について記載されている。そこには、安全靴を履いてこなければならないと記載があった。

ぼくは安全靴というものを知らなかった。丈夫な靴のことだろうと思っていた。わりとしっかりした運動靴だったので、問題あるまいと思っていた。

事務所の女性が、ぼくの靴を触ってチェックした。

「これは安全靴ではないですね。安全靴でないと今日は働けません」

「えっ、こんな夜中に働きに来たのに、帰れと言うのですか」

「仕方がありません。ルールですから」

彼女は事務的で冷たかった。ぼくは泣きたくなった。その日は、とぼとぼと歩いて家に帰ったのである。

後日、安全靴とは、日本産業規格（ＪＩＳ）で「主として着用者のつま先を先芯によって防護し、滑り止めを備える靴」と定義されていると知った。近所のドン・キホーテで安く手に入れた。

数日後、ヤマト運輸にリベンジ出勤した。もちろん、ちゃんと安全靴を履いて行った。事務所のチェックにも合格した。

現場は、ヤマト運輸のベースと呼ばれる物流ターミナル。大勢の従業員が働いていた。深夜、全国から届く荷物を、ベース管轄の各地域へトラックが運べるように仕分ける。作業は、カゴ車に積まれた荷物をベルトコンベアーに移すこと。この作業は〝流し〟と呼ばれていた。

タイミーからは10名程度来ている。その他に、派遣会社からの人、ヤマト運輸が直接雇っているアルバイトなど、多くの作業員がいた。そこに混じりぼくも一生懸命に働いた。

「4秒に1回のペースを守って下さい」

ヤマト運輸の社員は拡声器で声がけして現場監督する。荷物が大量にあるので、ぼくたちの作業が遅いと時間内に荷をさばけないようだった。

カゴ車とベルトコンベアーの間にぼくらは立った。ベルトコンベアーの流れてくる方に向いているので、まず左側のカゴ車から荷物を取り、体を180度右に回転させて、その荷物をベルトコンベアーに置く。それの繰り返しだ。つまり、この動作を1つの荷物につき4秒でこなすことが求められていた。

簡単そうだが、実際にやってみると意外と戸惑った。二つの問題に直面した。

一つ目は、荷物の大きさがまちまちであることである。片手で持てる箱のようなものもあれば、ゴルフバックのように大きく長いのもある。そういうのがカゴ車に混載されているのである。小さい荷物は難なくベルトコンベアーに移せるが、大きい荷物は置き方を工夫しないと、場合によってはベルトコンベアーを止めてしまいかねない。

二つ目は、荷物の重量もまちまちであることである。荷物が小さいからといって軽いとは限らない。例えば、工場などで使う金属製の部品も宅急便で送られている。ベルトコンベアーへ置くまでは、いったん自分で荷物を持たねばならないのできつい。他方、衣服などが入ったアマゾンの荷物は軽い。問題は、重量物と軽量物が混在しており、持ち上げてみないと重量が体感できないことだった。

ヤマト運輸クラスの大手企業となると、現場の作業員の労務管理はしっかりしている。安全への配慮があり安心できた。手甲ガードや足甲プロテクターも貸与してくれた。業務終了の5

分前には「タイミーさんは終了です」と倉庫内の放送で伝えてくれる。

貸与品を返し、着替えて、ロッカーから私物を出して事務所へ行く。事務所でＱＲコードを読み込む。するとタイミーで４８００ウォレットがついた。そして振り込み申請ボタンがあり、それを押す。すると原則、即時に給与振込をしてくれる。タイミーの立て替えによる、即日払いならぬ即時払い。すぐに給料があたる。

時刻は朝６時。外はすでに明るい。緊張から解き放たれるとあくびが出た。

帰宅して寝るとするか。

3　履歴書不要・面接なし：「どのようなところ？」「どのような人？」

「スキマバイト」とよくいわれる。解説するなら、「長期雇用契約を結ばずに自分の都合のいい隙間時間だけ働けるアルバイト」となろうか。

Ｓ物流やヤマト運輸ばかりだと飽きてくる。タイミーを見てると、日々求人が更新されていて、ついつい目をやってしまう。Ｓ物流とヤマト運輸との間の日を「隙間時間ならぬ隙間日」とし、そこに新たな仕事を入れてみようと思った。

たとえアルバイトであっても、これまでなら、求人に応募した後、履歴書を持って行くなり送るなりし、その後面接を受けるのがふつうだろう。それがタイミーなら、すべてネットで完結する。これはとても便利。履歴書は不要である。応募の度に履歴書を書かなくてよいし、あらかじめ面接を受ける必要もない。

しかしワーカーには次の不安があるだろう。

「働きに行く職場は、どのようなところだかわからない」

ぼくの自宅近所にアルビスがある。北陸では有名なスーパーマーケットである。その最寄店ではなかったが、アルビスの別店の求人に応募してみた。ふだん買い物に行く店で働くのはどのような感じなのか、興味本位だった。

求人には、「バックヤードの青果部門での勤務」とだけ書いてある。この情報だけだと何もわからない。まさに「働きに行く職場は、どのようなところだかわからない」である。これまでスーパーマーケットのバックヤードに入ったことなどなかったもの。

店の裏手から入り、事務所に行く。そこでQRコードを読み込んでチェックインした。そしてアルビスのエプロンと帽子をつけた。店長は、ぼくを青果部門に案内してくれた。

「タイミーさん、とりあえずミニトマトをパック詰めして」

チーフの府案さんは終始歩き回っていて、ぼくにそう言うと、すぐに売場へ出て行ってしまった。

辺りのおばさんたちが、やり方を教えてくれた。

「パックし終わったものには、ほら、このように値札シール貼ってね」

売場から戻って来た府案さんは、ぼくから少し離れたところで、おばさんのひとりに、「今日のタイミーさん、どう？」と聞いている。ぼくに、声が聞こえるんですけど！

そのおばさんも小声で、「わりとテキパキとやってくれてるよ」と答えている。ぼくに、声が聞こえるんですけど！

このときぼくは気づいた。府案さんも「働きに来るのは、どのような人だかわからない」と不安だったのである。

ワーカーと雇用主の不安は、ただ一度の勤務で解消される。もし不安が払拭されないのなら、ワーカーは二度と応募しないし、ワーカーが応募したとしても雇用主は受諾しないから。

そう考えれば、アルバイトするのに、これまでの「履歴書必要・面接あり」は、双方に手間だけかけて実利的ではなかったという結論となる。

タイミーは使い勝手がよいと実感した。

4　職住近接は楽ちん：歩いて行けるところ

ぼくは車を運転しない。だから乗用車を持っていない。運転免許はある。ペーパードライバーである。

用事で自宅からどこかへ出かけるときは、原則歩いて行く。しかしあまりに遠いところだと、鉄道や路線バスなどの公共交通機関を使う。緊急時やどうしてもやむを得ない場合を除き、タクシーを拾うことはない。

S物流に通っているとき、ふと自宅からどれくらいの距離か調べてみた。15・5㎞だった。この距離を当初、徒歩で行った。片道3時間半かかった。往復で7時間。就業時間は約5時間だったので、さすがにこの勤務は馬鹿馬鹿しいと自分で呆れた。

路線バスにしたら、往復2時間で移動できるようになった。しかしバス代が往復で1400円もかかるではないか。S物流の一勤務の給料は5750円（交通費500円を含む）だった。まったく割に合わない。

ヤマト運輸は、自宅からの距離が4㎞と近くなった。深夜勤務だったので路線バスはなく、すべての勤務に徒歩で通った。

晴れているなら往復8㎞を1時間半程度歩くのは苦ではない。しかしいつも晴れているとは限らない。雨や雪が降っている、寒くて風が吹いていたら、徒歩では苦痛である。特に帰路は心身ともに疲れ切っている。もう帰るのが億劫になってしまう。

一緒に働いてた人たちはおおかた車通勤である。なかには自転車で来てる人もいて、ぼくもそうしようかとつくづく思ったものだ。倉庫系の仕事は、勤務先が郊外にあるか基幹道路沿いに位置していて、ワーカーには徒歩で通いにくい。

タイミーでは、その日の求人がワーカーの自宅からどれぐらいの距離かを表示してくれる。タイミーに慣れてきた頃、自宅から近いところにしようと考えたのも無理はない。

幸い、ぼくの自宅から約2・5㎞弱のところに繁華街がある。路線バスは頻繁に走っている。仕事は何でもよいから、そのエリアで働こうと思った。

求人を探してみると、二つの系統の仕事があるのがわかった。

一つ目は、ホテル系である。ホテルの仕事といえば、具体的には客室清掃業務である。インバウンド客の増加で、ぼくが暮らす金沢市は、ホテルなどの客室数が1万4000室を超えたと報道されていた。

宿泊客がチェックアウトするのは、早朝から10時頃まで。そして当日泊まる客がチェックインするのは15時以降である。だから客室清掃業務は、9～15時の6時間内で行われる。

二つ目は、飲食系である。レストランが独立し店を開いているのもあれば、ホテル内にレストランがあることもある。

飲食系の仕事は、大きく三つに分かれている。ホール業務（つまり接客業務）、食器など洗浄業務（ベタに言うと皿洗い）、そして調理業務（アルバイトは調理補助が多い）である。

ぼくは、倉庫系の仕事を少なくして、その分、自宅から近いということで、ホテル系や飲食系の仕事に就くことにした。

これで通勤の疲れは軽減した。仕事で疲れても、すぐに自宅へ帰って休める。職住近接は楽ちんと身に沁みて感じた。

ホテル系の仕事に就いて、はじめて知ったことがいくつかある。

ホテルの客室清掃業務では、最近建って開業したばかりのところほど、働くのも快適だということである。時給は同じなのに、古びたホテルに行くと客室清掃が雑であるのがわかった。そういうところは手抜きできてよいとの考え方もあろう。でもぼくはまじめに客室清掃したかった。やはり綺麗なホテルがよい。

飲食系では、まかないが出ることが多かった。その日の昼食代や夕食代が浮く。その分の給料が上乗せされているようで嬉しかった。

こんな風に、ぼくのタイミー経験の幅は広がっていった。

5　ホテルの客室清掃業務：ベッドメイキングの技

自宅から近い繁華街に、ホテル系の求人が多く出ているのに気づいてからは、努めて応募してみた。

ホテルの客室清掃業務を大きく分けると、ベッドメイキングと、業界では〝洗い〟と呼ばれる浴槽やトイレなどの清掃業務とがある。どちらかに特化した求人もあれば、両方を求める求人も多かった。どうやらベッドメイキングのほうが技術が要るようで、〝洗い〟より難しそうであった。

ベッドメイキングのみの、時給がやや高い求人に応募してみた。

作業手順は次の通り。泊まった客がチェックアウトした後、その部屋に入り、ベッドのシーツ、布団や枕のカバーを剥がす。浴室からバスタオルやバスマットを、洗面台からフェイスタオルなどを集める。そのリネンなどを種類ごとにまとめ大袋に入れる。新しいリネンなどを各部屋に用意する。そしてベッドメイキングする。

不慣れな頃は、二つの問題に直面した。一つ目は、部屋の広さがまちまちであること。部屋が広いとベッドメイキングしやすい。ベッドは通常直方体であるから、シーツやカバーを張るとき、6面中4面に回り込まないといけない。けれど部屋が狭いと、左右の壁あるいは前方の壁とベッドがすき間なく置かれていて、立っている側から他3面に体を移動させられないのである。そのような部屋の典型例がアパホテルだった。

こういった場合、シーツを張るとき、ベッドを手前に動かさなければ反対面にシーツを伸ばせない。幸い、アパホテルのベッドは軽かった。動かすには動かせたのだが、ベッドの向こう側に行くのに、左右とも壁で通れない。これには参ってしまった。

「こうやって、ごろりと体を反転させてベッドの向こう側へ行くといいよ。忍者みたいにね」

ぼくにこの作業を教えてくれたパートの久野市さんは、笑いながら実演して見せてくれた。

しかしベッドにシーツを張ったあとそれをやるとシワがよる。

「最後に、シーツを引っ張ってシワを伸ばせばいいから」と久野市さんが言う。

なるほど。ぼくは一つ技術を習得した気になった。

問題の二つ目は、布団カバーの取り付け方には工夫が要るということである。

掛け布団がデュベと呼ばれる西洋式のものだと、布団カバーは横開き型のデュベカバーとなる。客室で最も目立つのが、このデュベカバーの仕上がりである。

デュベカバーはデュベにすっぽりとかぶせて使用されるが、その入れ方が初心者にはやや難しい。デュベカバーを先に敷いて、開口部から折りたたんだデュベを入れ、中で広げる。四隅にデュベが広がるようにしないといけない。そのバランスが崩れると、カバーの下に布団がない部分が出てしまう。

開口部は客の目につかないようにする。だから作業の途中でデュベカバーに包んだデュベを反転させないといけない。出来上がりの見た目が清潔で、シワなどがなくふっくらしていることが大切なのだ。

ぼくはこのコツを会得するのに少し時間がかかった。時給がやや高い理由がわかった。

部屋から取り出したリネンは、ゴミを分別した後、大袋に入れて外部業者が運んでいってくれる。さて、そのリネンはこの後どうなるんだろう。

ホテルの客室清掃業務では、あたり前のように綺麗なシーツ・カバー・タオルを使う。しかし「いったい誰が、どこで、使用済みのリネンを洗濯して戻してくれるのだろう」との疑問が湧いた。

6　クリーニング工場で働く：リネンの行き場

ぼくは「いったい誰が、どこで、使用済みのリネンを洗濯して戻してくれるのだろう」という疑問を解消しようと思い立った。次は、Nリネンサプライに働きに行った。

Nリネンサプライは大きなクリーニング工場である。ぼくは都合10回ほど通った。

「須来間さん、今日はタオルへ行って」

「須来間さん、今日はシーツへまわってくれるかい」

「須来間さん、今日は2階で投入やってほしい」

毎回仕事が違うのである。ぼくはNリネンサプライの全体を掴むのに時間がかかった。

クリーニング工場は、総じていえば、「ホテルから回収したリネンなどを洗濯して元のホテルに戻す作業場」である。洗濯は機械がやるが、人手が要るのは、ホテルから回収したリネンを機械に投入するまでの作業、洗濯し終わったリネンを折りたたむなどして元のホテルへ戻すまでの作業である。

なにせ複数のホテルのリネンなどが毎日回収されてくるので、その量が半端ない。一口にリネンといっても、フェイスタオル、バスタオル、バスマット、シーツ、布団カバー、枕カバー、それに浴衣や寝間着まである。

「今日はタオルへ行って」は、主としてフェイスタオルとバスマット、そして浴衣や寝間着を折りたたむ現場へ行って下さいという指示である。

折りたたむこと自体は何の造作もないが、問題は量である。次から次へと洗濯されたタオルなどが運び込まれる。やってもやっても終わらない。午前は「めちゃくちゃ楽ちん」と感じられたが、夕方になると「まだあるのか」と嫌になってしまう。

「今日はシーツへまわってくれるかい」は、タオルのような小物と違い、シーツや布団カバーのような大物を扱う現場へ行って下さいという指示である。

大物は人では折りたためない。代わりに折りたたみ機に投入する。だからワーカーの仕事は、洗濯されたシーツや布団カバーを折りたたみ機に投入すること。これが予想外に重労働であった。同僚が「一日中スクワットしているようなもの」と表現していた。

その投入には前さばきがある。「上から落ちてくるから、真下にいると首やられるよ」と脅された。

洗濯されたシーツや布団カバーは、上空のレーンで運ばれてくる。ちょうど折りたたみ機の真後ろにドカッと投下される。一度に１００枚はあろうかと思われるシーツや布団カバーが頭上から投下されるので、その下敷きになると怪我をするよという意味である。

厄介なのは、そのシーツや布団カバーの束ががんじがらめになっていること。折りたたみ機に投入するのに、一つひとつほぐさないといけない。一般家庭の洗濯機で脱水した後の洗濯物を想像するとよい。からまっているだろう。その業務用なのである。からまり度の次元が違う。

やっとほぐれたと安堵してはいられない。その一枚一枚を折りたたみ機に投入するのである。

「折りたたみ機に投入する」とは、具体的には、シーツなどの両端を機械の爪にひっかける作業である。

機械は動き続けている。その機械のスピードに作業者がタイミングをあわせなければならない。足元にあるシーツを持ち上げ（だからスクワットのごとく膝を曲げ伸ばし）、両手で各々シーツの端を機械の爪にひっかける。その後、機械が自動でシーツなどを折りたたんでくれる。この作業の繰り返しが一日中続く。

「今日は2階で投入やってほしい」は、回収されてきたリネンを業務用の洗濯槽へ入れる現場へ行って下さいという指示である。

残念ながら洗濯槽は見れなかったが、洗濯槽へ投入されるまでの手順は確認できた。リネンなどはベルトコンベアーで運ばれる。この投入作業とは、具体的には、種類ごとに大袋に分別されたリネンなどをベルトコンベアーに乗せること。あとは運転ボタンを押すだけ。簡単そうだが、まったくの力仕事であった。

Nリネンサプライで働いてみて、ホテルなどで剥がしたリネンなどがどのように処理されているのかがよく理解できた。すべて客室の稼働と連動している。つまり、客が泊まるとホテルに売上が立つ。するとリネンなどの処理量も増え、ホテルの外部委託費も増加する。タイミーワーカーには、ホテルの客室清掃業務でも働き口があり、Nリネンサプライのような会社でクリーニング業務にも就ける。

余談だが、Nリネンサプライはハードワークだった。時給も安い。ホテルなどから下請けの会社は生産性が低い。薄利多売である。そのため人件費を低くしようとする。働き手としては条件がよくない。

7　一日2件ダメなの!?：ダブルヘッダーの勧め

早朝の仕事をしたら午後の時間が空く。夜間に働くと日中が暇である。しかも一日3、4時間働くだけであるから、稼ぎも雀の涙ほどだ。

そうとなれば、誰だって、じゃあ、早朝の仕事と夜間の仕事の両方をやればよいと思うのではないか。すると給料も倍となり効率がよい。

ところがタイミーでは一日2件の応募はできないのである。ワーカーの長時間労働を抑制するためのルールと聞いている。ぼくは不便を感じた。

求人を二つのタイプに分けてみた。一つは、前述したような、早朝または夜間の3、4時間の仕事。これを「半日仕事」と名づけた。もう一つは、朝から夕方まで日中を通して7、8時間の仕事である。これを「一日仕事」と名づけた。

一日1件しか応募できないのであるから、一日仕事に人気が高まる。タイミーのマッチングは早い者勝ちなので、そういう求人が出てもすぐに埋まる。誰でも考えることは同じだ。

タイミーには、認定ワーカー制度がある。ある仕事に複数回就業すると（一度勤めればよいのかもしれないが）、認定ワーカーになる。つまり雇う側が、かつて働いてくれた人たちを仲間と認めてくれるのである。すると、その会社の新たな求人が一般公募される前に、認定ワーカーだけに公開される。ぼくはいくつもの会社の認定ワーカーになっている。これで一日仕事の案件を優先的に受けられるようになった。

他方、半日仕事の対策はどうしたらよいか。誰でも思いつくのは、タイミーのようなスキマバイト（スポットワーク）のサイトを複数使って、各々のサイトでの仕事を組み合わせたらよいということである。

だからぼくはタイミー以外に、メルカリハロや、シェアフルも使い出した。

すると、午前はメルカリハロの半日仕事をやり、いったん帰宅し休養して、夜間にタイミーで半日仕事に就くというスタイルを試せるようになった。ぼくはこれを、野球の試合が同じ日に同じ球場で2試合行われることになぞらえて「ダブルヘッダー」と呼んでいる。

一つの実践例を紹介しよう。

石川県の場合、メルカリハロにのみ求人している会社に、クスリのアオキがある（現在クスリのアオキは求人を出していないようだ）。ぼくはこのドラッグストアに、すでに50回ほど就業した。

仕事は主として品出しである。開店前の8時30分から11時30分までパンや日配品を品出しする。それで時間が余ったら、医薬品、菓子、飲料、日用品の品出しを指示される。接客（レジ業務）はないので、黙々と作業するのみである。

3時間はあっという間に過ぎる。急ぎ帰宅しても13時前である。しばらく仮眠すると体調もよくなり元気が出る。次のタイミーの夜間アルバイトは18時から。時間に余裕があり、次の仕事まで好きに過ごせる。

タイミーで夜間の半日仕事は、飲食系の仕事によく就いた。

ある日の夕方、レストランNに行くと、オーナーシェフの川口さんしかいない。今晩は予約の4組にコース料理を提供するそうだ。川口さんとぼくとで対応するとのこと。

かなり洗練されたスペイン料理店で、ぼくはとても緊張した。もちろん料理は川口さんがつくり、コース料理の説明もする。ぼくは料理を出す、バックヤードで洗いものなどをする役割であった。

「ワイングラスは洗わなくていい」と川口さんは言った。

僕が不思議がっていると、

「洗浄機にかけるとしても、グラスが少しでも欠けたり、割れたりしたら、今日の須来間さんのバイト代は吹っ飛ぶからね」と脅された。

高級レストランの備品は高額なのだと学んだ。

タイミーの仕事は、おおよそ3、4時間程度のものだ。18時に始まるとしても、終わりは遅くても22時ぐらい。自宅に近いところだと帰宅は23時前。風呂に入り晩酌してもその日中には寝られる。

今では毎月、一日仕事と半日仕事のダブルヘッダーをいい塩梅に組み合わせて働いている。

8 雇用主はどなた？：もしや闇バイトか？

「★日当保証★イベント会場の設営、撤去をお任せ★作業補助スタッフ募集」と掲示されている案件があった。

就業時間は7時30分〜16時30分。途中休憩が60分ある。時給1000円で、別に交通費250円が支給される。実労働時間は8時間だから、給料など合計は8250円となる。これは好条件の一日仕事だと飛びついた。

ぼくは「★日当保証★」に惹かれた。つまり日当が保証されるということは、仮にその日の仕事が早く終わっても掲載通りの給料が満額もらえる、ということだと受けとめた。常識的な解釈だろう。

いざマッチングされると、へんなことがあった。就業場所がどこにも明かされていないのだ。当日来るように指定されたのは、株式会社ＧＰという会社の事務所らしきところであった。しかも7時30分就業開始であるのに、6時50分までにその事務所に来るようにとのこと。どうして40分も前に着かないといけないのかわからなかった。

その指定場所の住所をグーグルマップで見ると、幹線道路に沿って建っている雑居ビルのようだ。ここでイベントをするのか？

タイミーのメッセージ機能を使ってあらかじめ問い合わせてもよかったが、面倒くさくなってやめた。行ってみたらわかるだろう。とにかく初勤務では、求人要項に書かれている通りにすれば、何かまずいことが起きたとしても、ぼくに落ち度はないのだから。

ぼくは15分前現地着を習慣にしている。その雑居ビルに入居している株式会社ＧＰに6時35分に着いた。

「タイミーから働きに来ました」と声がけしたが、誰もいない。オフィスはしんと静まっている。もう一度声をかけてみた。

すると奥から男性が出てきて、

「そのへんに座っといて」と言い、また奥に戻ってしまった。

心中、これは何か怪しいなと感じた。もしや闇バイトか？　もし不測の事態に遭ったら、すぐに逃げ出せるように気を引き締めた。

15分待たされた。その間、お茶などが出されたのでもない。言われた通り、ただそのへんの椅子に腰かけていただけ。

「タイミーさん、玄関の前につけてある車に乗って。送っていくから」

先ほどの男性がまた現れ、ぼくにそう言った。車で送っていく？　どこへ？　ぼくの疑問は膨らむばかり。

言われた通り助手席に乗車した。この男性の運転で車が出発すると、彼からコピーされたタイミーのＱＲコードを渡された。

「いまチェックインしてくれる？」

彼はそれだけしか言わない。薄気味悪かったが、ＱＲコードを読み込んで、その後は黙っていた。ぼくは連れ去られるのか……？

車は30分ほど走っただろうか。着いたのはかなり広い倉庫のような建物の前だった。辺りも倉庫だらけ。それらの施設の人は見かけたが、一般の通行人などは歩いていない。

「この自販機の前に立っといて。斉藤さんが来るから、彼について行って。今日の仕事が終わったら、ここに電話くれる？　迎えに来るから」

彼はぼくに名刺を渡し、そう言い残して車で去って行った。その名刺には、派遣会社の株式会社ＧＰの伊藤と書かれていた。

この日ぼくは、イベントの企画・立案・制作から会場設営、イベント用品レンタルなどを手掛けている株式会社ＨＳの斉藤さんと一緒に複数の現場を回り、斉藤さんの作業補助をすることとなった。

後日、ぼくは紙に書き出して、雇用関係を図示してみた。株式会社ＧＰはタイミーを介してぼくを雇った。株式会社ＧＰは雇ったぼくを株式会社ＨＳに派遣した。だからぼくは株式会社ＨＳの斉藤さんの指示監督のもとで働くことになったのである。

しかしぼくに給料を払うのは株式会社ＧＰである。株式会社ＧＰの今日のぼくの仕事をタイミー上で管理するのは、あくまで伊藤さんなのである。

ある会社がタイミーでワーカーを雇う。それがシンプルな関係である。しかし上述のように、現場でタイミーワーカーを使う会社と、そのタイミーワーカーを雇う会社が異なることがある。このような雇用の場合、いろいろ問題が発生するのである。

株式会社ＨＳの斉藤さんは、16時30分になっても作業をやめない。ぼくはそわそわし出した。だってぼくの契約時間はもう終わりなのだから。

ぼくにはどうしようもなく、ただ嫌な気分になった。これはどういう事態か。落ち着いて考えてみようとした。

斉藤さんに、ぼくがタイミーワーカーであるとの認識はない。斉藤さんには、ぼくは株式会社ＧＰの派遣労働者であり、いつも通り仕事が終わったら帰ってもらうと思っている。つまりぼくがタイミーで株式会社ＧＰと交わした就業条件など、斉藤さんの頭にはないのである。

17時になっても作業が続いていたため、いたたまれなくなり、

「時間なんで、あがらせてもらってもよいでしょうか？」

と斉藤さんにやんわりと声がけした。斉藤さんはきょとんとしていたが、ぼくは強引に現場を離れた。

株式会社ＧＰに迎えに来てもらうまでの時間が鬱陶しくなり、電話だけして、いま仕事が終わったのでひとりでここから帰宅する旨を伝えた。

タイミーに修正依頼をかけたが、面倒くさくなって終了時間を16時30分とした。だから最後の30分はサービス残業となった。

何が「★日当保証★」か。「日当制限」と書いとけと毒づいた。

タイミーで雇用主が派遣会社の場合は要注意である。この問題の根源は、雇用主がワーカーの就業実態を把握してないことにあると悟った。

9　いろんな所に行けてよい：ワンちゃんに苦戦

「タイミーさんは、いろんな所に行けてよいですね」

ぼくはよくそのように言われた。つまり、タイミーではさまざまな求人があり、いくつも違う仕事に応募していると、都度いろんなところに働きに行ける。特定の職場で長く働いている人からすると、そのようなタイミーワーカーは新鮮に見えるのかもしれない。

ぼくがかつて働いたところで、こんなところへ行けてよかったと思えた案件があった。その就業場所はお隣の富山県であった。ぼくの暮らす金沢市から、電車を乗り継いでも片道2時間はかかる。

求人には「★ペット撮影会★接客・営業スタッフ募集」とあった。就業時間は9時から20時。うち60分の昼休憩あり。実労働時間は10時間。時給１５００円。合わせて交通費５０００円が支給される。悪くない一日仕事に思えて応募した。

現場は富山県魚津市にある某ドラッグストアであった。客の自慢のペットを連れて来てくれたら、愛らしい写真を撮ってくれるというイベントである。

ドラッグストアの目的が、来店客の増加とペット関連用品の販売促進であることは容易に想像できた。この仕事をイベント会社のフォトスタジオMが請け負ったようだ。

ぼくは、そのフォトスタジオMに雇われた。先方はカメラマンと営業スタッフの2名である。そこにぼくが加わり3名でペット撮影会を運営した。

「須来間さん、俺のうしろから、ワンちゃんの気を引いて」

カメラマンの片桐さんはシャッターをきるのに忙しい。しかしひな壇に登ったワンちゃんは一時もじっとしていない。カメラ目線をくれるなんてことはない。それをなんとか、カメラの方を見させて、しかも愛らしい表情をさせなければならない。あの手この手でカメラマンの補助をする仕事だった。

「あれ、おしっこしちゃったな。須来間さん、下のシーツを換えようか」

ぼくは、予測不能の犬の動きに戸惑った。片桐さんによると、猫ならもっと扱いにくいのだそうだ。事実上、ネコちゃんの撮影会はできないと言っていた。

珍しい仕事を経験できたうえに、自宅から約100㎞離れたところへも行けて、まったく遠足気分だった。

「タイミーさんは、いろんな所に行けてよいですね」と言われたときに、愉快なネタ話として、このペット撮影会のことを今も語っている。

10 懐かしい引越アルバイト：昔は「にいちゃん」今は「おとうさん」

アート引越センターの求人を見ていて、なんだか懐かしくなった。ぼくは学生の頃、引越アルバイトをよくやったから。

引越アルバイトは、引越する家庭の荷物を安全に運ぶサポートをする仕事。家具や荷物をトラックに積み込み、目的地まで運び、新居にて荷解きする作業が中心となる。

その日の朝8時前、アート引越センターに出勤する。

「制服がありますので着替えて下さい」

渡された制服に着替えて所定の帽子を被る。自分の手袋をはめていると、中年の男性社員に、「その軍手じゃダメだな」と言われた。

ぼくが持参した軍手は白い綿のものだった。この男性が言うには、ゴム製のすべり止め機能がついたものをつける必要があるとのこと。仕方なく初日は事務所から借りた。

アート引越センターの社員が5、6名いた。そしてタイミーワーカーも同人数いた。朝の体操が始まった。

「今日も一日、安全運転でお願いします」

リーダーの最後の一言で朝礼は終わった。

「タイミーさん、名前は?」

「須来間です。よろしくお願いします」

社員は名簿をチェックして、

「須来間さんは、ほら、あのトラック、5号車へ行って」

ぼくは、自分の荷物を持ったまま示された2トントラックへと向かった。

社員の運転手の助手席に乗る。これから2人で現場へ向かう。社員は、一日、標準だと5、6件だろうと言っていた。

引越には荷物の搬出と搬入があるが、搬出のほうが時間がかかる。この搬出作業の実例を紹介しよう。

基本的に社員が宅内に入り、荷物一つひとつを養生、つまり破損防止の手当をする。その荷物をトラックに積むのが助手の主な仕事である。小物の荷物は正方形のダンボール箱に入れられるので、それを運ぶ。しかし大きい荷物、例えば冷蔵庫や洗濯機などは、形状がまちまちであるから、厚手の布かダンボールで養生される。

この作業の問題を二つ痛感した。一つ目は、1人で運べる荷物と、1人では運べない荷物とがあるということ。ダンボール箱なら1人で持てるが、大型の荷物は2人でないと運べない。

その場合は、社員が手伝ってくれる。

二つ目は、トラックまでの距離と通路状況が現場によって異なるということ。

一軒家なら家の前にトラックを停められるので問題はないが、マンションなどの集合住宅の場合、トラックを停める位置が制限されてしまい、部屋までの距離が長くなることが案外多い。

さらに高層階の場合、エレベーターで荷物を下まで降ろすのだが、古いアパートや団地などではエレベーターが設置されていないこともある。そうなると階段で運ぶしかない。重い荷物だと、2人で運ぶのもかなりの重労働である。

就業時間は8時から17時まで。うち1時間の休憩がある。ちなみに休憩は、コンビニエンスストアの駐車場にトラックを停め、あとは好きに過ごせとなることが多い。

この時間内で5、6件の現場を回るため、時間の大半は移動となる。アート引越センターの社員の皆さんは話し好きである。移動中もおしゃべりして楽しかった。男同士のゲラゲラ笑いながらのバカ話である。

学生時代に経験した引越アルバイトを懐かしんでいた。昔は、年輩の方から「にいちゃん」と呼ばれていたが、今は、齢下の若者から「おとうさん」といわれ、今昔の感があった。

還暦を迎えたぼくは齢を重ねたことを自覚した。

そうか、共に働く人たちの多くは、ぼくからすると齢下なんだと気づいたのである。

11　若者タイミーさん：陸九地くん、勘弁してくれ

多くの職場に働きに行ってみると、タイミーワーカーがぼくひとりのケースと、他にもタイミーワーカーがいるケースとがあるのがわかってきた。

タイミーワーカーはどのような人たちか。ぼくは還暦タイミーさんであるから、ぼくから見ると齢下という意味で、若者が多いのは当然のことだろう。彼らを「若者タイミーさん」と呼んでいる。

ぼくは若者タイミーさんを、次の二軸で分類している。一つの軸は、その若者タイミーさんの話す度合いである。よくしゃべる人がいる一方、無口な人もいる。もう一つの軸は、他者の話を聴く力である。傾聴力の高い人もいれば、右の耳から入ったことが左の耳からすぐ抜けていく人もいる。

ここでは、前者の話す度合いに着目してみよう。ぼくの経験則では、おおよそ2：8ぐらいの比率で、圧倒的に無口な若者タイミーさんが多いように思える。

ある現場に複数人のタイミーワーカーが雇われている場合、各々に役割分担がなされる。同時に皆で協働することも求められる。その基盤となるのはコミュニケーションである。互いに

よく話しあうということである。

無口な若者タイミーさんは、あまり話さない、あるいは言葉足らずであることで、意思疎通がスムースでないことが多い。

ある大型施設のイベント設営の仕事に就いたとき、集められたタイミーワーカーは総勢10名であった。ぼくは、陸九地くん（ぼくより30歳ぐらい齢下の男性）とペアになり、机と椅子を図面通りに配置するように指示された。

陸九地くんは愛想はよい。指示をすんなりと受けとめる。その指示を出した人も、陸九地くんの応対のリズムを好んで、陸九地くんによく話しかける。

一方、ぼくはといえば、指示をよく聴いて、少しでも不明なところがあれば、その場で質問するなどして確かめる性分だ。

不思議なもので、指示するのが若者だとすると、指示したことにいちいち確認をいれてくる歳上のアルバイトは鬱陶しいのである。陸九地くんのように、指示を聞いたら「わかりました」とすぐに受けとめる応対がリズミカルで心地好いのである。

ぼくは陸九地くんと、よくわからないまま机と椅子を配置していたところ、雇用主の別の人から指摘された。

「ここに机や椅子を置かなくていいよ。ちゃんと図面みてる？」

陸九地くんの判断が間違っていたと後にわかった。どうしても先に陸九地くんが作業を始めてしまう。ペアを組んでいたこともあり、ぼくは陸九地くんを頼ってしまった。失敗したと思った。

愛想だけはよいが肝心なことには無口な若者タイミーさんには、気をつけようと思った。

他方、多弁な人はどうだろうか。ぼくの観察では、よくしゃべるからといって、その人が他者と良好なコミュニケーションを取れているとは限らない。おしゃべりがすぎると私語に夢中になってしまい、仕事が疎かになることもあるから。

だからぼくはもう一つの軸、つまり傾聴力の高低を観ようと思ったのである。これについては第4章7節で述べる。

とにかく若者タイミーさんは多種多様である。適切に分類して、各々の特徴をつかんでおいたほうがよいと思った。

第2章 還暦タイミーさん、びっくり仰天の巻

タイミーで働いていると、えっ、そんなことが起こるの⁉　とびっくりしたり、仰天してしまうことがある。本章では、その実例を紹介しよう。

1　いつQRコードを読み込む？：労働基準法を守りなさい！

N旅館に初出勤した。事務所の中年男性に、いきなりこう言われた。

「タイミーさんは、着替えてからQRコードを読み込んで下さい」

つまり、タイムカードの打刻は、朝事務所に着いてすぐにではなく、更衣室で貸与される制服などに着替えてからにしなさい、といっているのである。

ぼくはすぐに、ここは労務管理が未熟だと思った。自社都合でワーカーの労働時間を使っている。

案の定、仕事を終えて帰るとき、

「タイミーさん、QRコードは制服を脱ぐ前に読み込んで下さい」と言われた。

「それ、違いますよ」とよほど注意してやろうかと思った。

ぼくは初めて来た立場なので、「それがうちのルールです」と真顔で言い返されても何もいえなくなる。ぼくも気分が悪くなるので、じっとこらえて、小声でハイと言っておいた。

その男性が労働法に無知なのである。ただし、彼の責任ではない。N旅館の労務管理が杜撰なのである。

更衣室から働く現場に移動する時間、更衣室でロッカーに私物を預け入れ施錠し、制服などに着替える（帰りはその逆となる）時間は、通常5分程度だろう。長いと10分かかるときもある。一勤務ならその倍の、10～20分について給料を払わないと言っているのである。明らかに労働基準法違反行為であろう。

ぼくは、この二つを、「仕事の準備」「帰る支度」と言っている。結論をいえば、「仕事の準備」「帰る支度」は労働時間である。労働時間であるから、雇用主は相応の給与を支払わないといけない。

第1章で紹介したヤマト運輸では、定刻にQRコードを読み込んでから着替えなどする。だから実際に仕事を始めるのは、予定時刻の10分後ぐらいとなる。

また仕事を終える時刻の遅くとも5分前には、構内放送で、「タイミーさんは、これで終了となります」と伝えてくれる。するとみんな一斉に更衣室に引き上げる。帰る支度をして、ちょうど予定終了時刻にQRコードを読み込む。この打刻がたとえ1分でも過ぎたら、その1分の残業の給料を払ってくれる。

このヤマト運輸の労務管理が法令順守なのだが、地方都市の中小零細企業となると、法律の通りに運用していないことが多い。

N旅館の後日談がある。

何度か出勤し、「須来間さん、いつもありがとうございます。今日もよろしくお願いします」と言ってもらえる間柄になった。よい頃合と思い、支配人に、労働時間管理の一般常識をやんわりと説明した。

何日か経ってN旅館に働きに行ったら、

「タイミーさんは、着替える前に、QRコードを読み込んで下さい」

「タイミーさん、QRコードは、帰る支度をした後に読み込んで下さい」と説明していた。

このように雇用主の態度が改まったことで、ぼくはすっかりN旅館が信頼できるようになった。その後も、N旅館で一生懸命に働いた。

2 マウントおばちゃん：私の言うこと聞きや

「私の言うこと聞きや」

恰幅のよいおばちゃんが、ぼくに威圧的な態度を示した。いわゆるマウントを取りにきたのである。

ホテル系の仕事は客室清掃業務が主流であるが、朝食に関わる業務もタイミーで求人されることがある。ぼくが通ったのはMGホテル。就業時間は7〜11時。ビュッフェスタイルの朝食会場でのバックヤード業務であった。

バックヤード業務は、①バッシング、②さばき、③洗い、④もどし、の4工程からなる。

①バッシングは、食事済みの皿、椀、箸やシルバー、グラスなどを下げる業務。②さばきは、残飯などを捨て、同じ種類の食器などを揃える業務。③洗いは、洗浄機で食器などを洗浄する業務。④もどしは、洗浄した食器などを元の位置に戻す業務。

バックヤードの状況にもよるが、①と②とが、または③と④とが分離されておらず、一連の流れで行われていることも多い。

MGホテルのバックヤード業務には常連のパートのおばちゃん2名がいて、そこにタイミーワーカーのぼくが1人加わった。ぼくは、①バッシングと②さばきを担当した。ホール担当から運ばれてくる膳を洗い場まで運び（①バッシング）、洗い場のおばちゃんに流すまでに残飯や食器などを処理する仕事（②さばき）であった。

なにせホテルの朝食というのは数が多い。ホテルの規模に比例するが、多いと200食を超えることさえもある。とにかく数が尋常ではないのである。

次から次へとホールから下膳されてくる。トレーに何種類もの食器などがのっかっている。

客が食べた後のものだから、散らかっているし汚れてもいる。それを息つく暇もなく、バッシングとさばきを行う。やってもやっても終わらない。もちろんその4時間は休憩なしだ。

ここでびっくり仰天することに出くわした。一緒に働いているパートのおばちゃんが、ぼくの作業にいちいち口出ししてくるのである。

「その皿はここに置くな、あっち！」

「箸の浸け方は先が下だよ」

「トレーは私の右側に並べて」

「食器などの合間に調理器具も洗わないと、シェフが次の料理を作れないでしょ」等々。

もちろん、その現場には現場なりのルールがあり、長年の経験から導き出されたそのルール通りにするのが効率的であることはわかっている。そのことを承知のうえで、ぼくはぼくなりにやり方を考え、作業にあたっているのだ。それなのに、いちいちうるさい。

ぼくがだるそうに「ハイ、ハイ」と言ったら、「ハイは一回でいい！」と返してくる。どのような作業にも、「うちにはうちのやり方がある」とでもいいたげだ。ぼくの身振り手振りを監視している。ぼくが少しでも違う動作をしようものなら、「それ、違う！」と威圧的に口をきく。聞こえなかったふりをしてたり、言われた通りにしないでいると、「なんであんたの判断やねん」と責めてくる。これではもう、指導を通り越していちゃもんではないか。

一定の時間で大量にバッシングとさばきをしないといけないときに、動作レベルのことに「うちでやっている通りにやれ」と半ば強要されるのは、苦痛で仕方がなかった。

かといって、仕事に厳しいというわけでもないのである。おばちゃんはバックヤードの主《ぬし》なのだ。要は自分の気が済むようにやれということ。とにかく新参者にはマウントを取りにくる。

ぼくは、〝マウントおばちゃん〟とあだ名をつけてやった。後によくわかったが、マウントおばちゃんはどこの職場にも棲息している。ただし職場に1人だ。もしマウントおばちゃんが複数いたら、縄張り争いが起こるだろうし。

マウントおばちゃんに口ごたえしたり逆らったりしては、こちらが虚しい気分になるだけだ。

しかし我慢ならないときもあって、

「忙しくしているときに、いちいちうるさい」と、一度だけ逆ギレしてやった。すると、

「ほんだら、あんたには何も言わへんわ」と口をつぐんでしまった。

この場合、その後のケアが大切である。できるだけ優しく、できれば猫撫で声で、

「五郎島さん（ほんとうに五郎島金時さつまいものような体の人だった）、この作業はどのようにやればよろしいでしょうか。ぼくはやったことがないものですから、教えていただけますか」と訊くのである。

マウントおばちゃんは、自分を慕ってくれる人には、少なくとも冷たい態度は取らない。

「わからんことがあったら、何でも聞いてくれたらええから」

マウントおばちゃんに笑顔が戻って、ぼくはホッとした。

3 管理する人と現場の人：タイミーさんってのが来たぞ⁉

あるラーメン店の求人に応募した。ホール業務と書いてあったので、客から注文を取ったり、ラーメンを運んだり、食べ終わった椀などを下げるなどの仕事と思っていた。

現地に着き、「タイミーから働きに来ました」と声がけした。

ところが、店の人はきょとんとした顔をしている。店長らしき人が出てきたので、再度「タイミーです」と言ったが、この人もぼくを不思議がっている。

その場でスマホの求人を確認した。場所も日付も就業時間も、すべて合っている。ぼくは間違えていない。それでも店長は首をかしげている。

しばらくして、その店長はぼくをそのまま残して部屋の奥に行き、電話をかけ始めた。どこかに問い合わせをしているようだ。後で聞いたところ、そのラーメン店は他にも何店舗かあり、それらの店舗を統括している本部があるとのこと。店長はその本部に電話していたようだ。

このラーメン店ではそれまで、客は入店したら先に券売機で食券を買うシステムだった。しかし店をリニューアル工事しシステムを刷新した。新しいシステムでは、卓上のタブレットから先に注文し、食後に支払機で代金を払う仕組みになったそうだ。

店長がいうには、本部がこのシステム移行に伴って客が混乱しないように、その支払機の前に立って客を案内する仕事でタイミーさんを雇ったとのこと。しかし店長はぼくの来店を知らされていなかったのである。

ぼくはこのとき、タイミーを管理する人と、現場の人が別人であるケースがあると知った。そしてその場合には、大きく二つの問題が発生しやすいことに気づいた。

一つ目は、現場の人がタイミーの仕組みに無知か不慣れであることがままあるということである。このラーメン店のように、タイミーさんの出勤を知らなかったのは稀なケースだが、今日はどういうタイミーさんが来るのかが頭に入っていなかったり、制服などが用意されていなかったり、QRコードが掲示されていなかったりすることは多いのである。

二つ目のありがちな問題は、イレギュラー対応である。例えば残業となった場合、タイミーの仕組み上、修正依頼を送って雇用主に承認してもらうという手続きをとる。現場の人は、例えば1時間残業したことを見てくれているが、タイミーを管理する人が別人であったり、その職場とは違う場所にいたりすると、当然その1時間の残業が発生したことを現場の人から報告を受けるまで認識できない。

現場の人と管理する人とのコミュニケーションがスムースでないと、ワーカーから送られてくる修正依頼の妥当性を判断しづらくなる。そのため承認が遅れ、承認されないと報酬は確定せず、給料の振込申請ができないのである。

ぼくはどこに働きに行くにも、タイミーさんを管理する人は、誰で、どこにいて、そしてどのようにシステムチェックしているのかを、できるかぎり確認するようにしている。

4 復興需要アルバイトその1：休憩するのが仕事⁉

夜の21時から翌朝の9時まで。そんな12時間の求人が出ていた。深夜割増を含めたとしても時給換算すると安い。どうしたものかと悩んだ。仕事の内容によるなと思案した。

力仕事を伴うハードな現場だと、とても12時間も働けそうにない。しかも深夜労働である。途中休憩があるとしても、拘束時間が長すぎる。おまけに求人要項に力仕事ありと書いてあったので、踏ん切りがつかずにいた。

いや、待てよ。何日も求人が出ているではないか。イベントの設営や撤収のような仕事なら、期間限定となっているはず。さらに、勤務地が非公開となっており、マッチングされたら知らせると但し書きがあった。

かなり迷ったが、物珍しげに応募した。万が一ブラック職場なら、二度と行かない。ただ一度、12時間拘束されるだけである。そう思えば気楽になった。それに拘束時間は長いが、一勤務で1万5000円ほどの給料があたる。ぼくには都合がよかった。

応募したら、すぐにマッチングされた。すると勤務地の知らせが来た。どうやら職場は総合スポーツセンターのようだ。総合スポーツセンターでいったい何の仕事だろうか、疑念を抱いた。

ぼくの暮らす石川県では、2024年の元旦に大きな地震があった。令和6年能登半島地震である。能登半島の北部、輪島市や珠洲市あたりで家屋や建物などに大きな被害が出た。自宅や介護施設から、建物の倒壊や損傷などで避難所に移った人が大勢いた。

指定された総合スポーツセンターに着いてみると、二つのアリーナと一つの多目的スペースがあった。そのうち一番大きいアリーナには、全面に多数のテントが張られていた。小さいほうのアリーナや多目的スペースには、間仕切りで仕切られた部屋が設営されていた。

部屋の中にいるのは、避難されてきた人たちであった。この総合スポーツセンターは、臨時の避難所になっていたのである。

雇用主のところに行くと、そこには事務チームと書いてあった。夜間要員として、タイミーからぼくを含めて4名が来ていた。

各所に置かれているゴミを回収したら、あとはすることがない。22時を過ぎると消灯となる。アリーナは真っ暗になるから、ペンライトを持たされた。この状態が、灯りがつく朝5時まで続く。

ぼくらは、いったい何をしたらよいのか。最初の勤務では、この職場環境に適応するまでに時間がかかった。しかし何日か勤務して慣れてくると、この仕事の全体像がつかめた。

ぼくらが就いた小さいほうのアリーナは、要介護の人たちが避難しているところなのである。この運営は石川県が行っており、実際には、チームごとに複数の事業者に業務委託されている。チームは、医療チーム、介護チームとかに分化されており、ぼくらは事務チームの雇用主に招集されたのであった。

事務チームの役割は、文字通り事務対応である。具体的には物資の管理、家族の出入りの対応などだが、それらは基本的に日中に行われる。深夜、事務チームの仕事はないのである。なのに雇われた者が4名もいるのはヘンだと思った。でも毎日のように夜間要員としてタイミーからその人数が集められてるのは事実であった。

灯りが消されてからはすることがないので、ただ椅子に座っているだけ。休憩時間が、2時間×2回と1時間×1回、合計5時間もあった。深夜だから仮眠してもよい。12時間のうち5時間は〝本当の休憩〟である。では残り7時間はといえば、ほんの少しのゴミ回収を除けば何もすることはなく、ただ椅子に座っていればよい。だから「仕事は休憩すること」と仲間うちで冗談を言いあっていた。

夜間、入居者は頻繁にトイレに行く。要介護の老人が多いから、自分で歩いて行くにしてもよろよろだ。車椅子の人なら介添えが必要となる。そこには介護チームの人たちがいて、こういう夜間対応をされていた。

時たま介護チームの要員でも対応に手が回らないときがある。事務チームのぼくらはただ椅子に座って見守るだけだったが、突発的に発生する出来事には手助けできたのは嬉しかった。

このような状況であったから、事務チームについていえば、日中だけ人手がいるのであり、夜間は雇う必要はないのではないか。誰だってそう考えるはずだ。しかし現実は毎日のようにタイミーから4名（多い日には5名だったこともある）が雇われていたのである。

ぼくは気になって雇用主のＨＫ社に訊いてみた。担当者曰く、

「石川県庁から、この人数でも何も言われていません」とのこと。

解説しよう。

こういう施設の運営に関わるコストは、きっと臨時の復興予算から出ているはずだ。ＨＫ社が集めるマンパワーは、ＨＫ社の人件費の支出というより、売上のほうがその意味合いが強い。平たくいえば、仕事があろうがなかろうが、予算が執行される以上、アルバイトの頭数を多く

揃えてさえいれば、ＨＫ社に相応の売上が立つということ。

翻って考えてみると、石川県の復興予算の財源はぼくらの払った税金である。それが回り回ってぼくらの給料となって戻ってきた。有難いと感謝した。

ぼくは「復興需要アルバイト」と名づけた。

5 復興需要アルバイトその２：ひたすら物置づくりのお手伝い

「復興需要アルバイト」には、Ｕ運輸の事例もあったと、今となっては懐かしく思い出す。

現場は、ひたすら物置を製造するところだった。かなり広い倉庫スペースが２ヵ所あり、そこにはヨドコウの物置がびっしり並んでいた。

物置が完成したら、ネコと呼ばれる手押し車で、１人１台倉庫の外に運ばされる。物置はそこで野晒し状態で放置されていた。

大型トラック（たしか8トンか10トントラックだったと思う）が来ると、ぼくら総勢で、その完成した物置をトラックに積み上げる。トラック１台につき10台か12台の物置を積んだ。この作業を、現場で何度やらされたことだろう。

その物置はどこへ運ばれているのか。答えは、能登半島の各所に建設されている仮設住宅なのである。これも前項に同じく石川県の復興予算の賜物であろう。

物置の組立は職人たちが行っていた。その作業にはタイミーワーカーは就かない。では多い時には10人も集められるタイミーワーカーはいったいどのような仕事をさせられたのか。

物置は四方立方体であり、パーツを組み立てることによって完成する。扉、左右と奥の壁、中に差し込む棚など、天板と床のパーツから成る。それらの資材が、大型トラックで運ばれてきて現場に搬入される。

各資材は、あたりまえだが納品時は梱包されている。通常、資材はプラスチックや紙やビニールで養生され、外枠は太めのダンボールで覆われている。それらがさらにビニール紐で束ねられている。

大型トラックが現場に着くと、その日雇われたタイミーワーカーがトラックの停車場に集められる。積まれている資材を降ろし、用意されたカゴ車に積み直さないといけない。

タイミーワーカーは、1人か2人がトラックの荷台に乗り資材を降ろす。別の何人かは、トラックの下でその資材を受け取りカゴ車に運ぶ。さらに別の何人かは、カゴ車内に整然と並べて載せられるように資材を整える。

仕事はまだある。それは開梱である。必要なのは資材であり、それをできるだけ早く組み立てする職人のところへ持っていかなければならない。しかし前述のように各資材は梱包されている。カッターでビニール紐を切り、外枠の太めのダンボールを外さねばならない。その後も大変だ。養生されているプラスチックや紙やビニールも取り外さないと、資材が裸にならないのである。

この作業は永遠に続くように思われた。期間は限定されていたとはいえ、仮設住宅一軒につき一台の物置を作るのだから、相当な数になっていたはずだ。

閉口したのは、外した養生の後始末である。プラスチックや紙やビニールやダンボールは山のように発生する。それらを仕分けし、各々整然とさせるのに、かなり体力を奪われた。くたくたになった。

しかし仲間がいるのは楽しかった。ともに助けあった。たとえ物置といえども、仮設住宅に入居しないといけない方たちには大切な製品である。その需要を満たすべく、ぼくらは来る日も来る日も懸命に働いた。

こういう「復興需要アルバイト」もあるのだと気づかされた。

6　仕事はご主人様の話し相手!?：うちウーバーイーツやってるんだ

駅近くにある喫茶店が求人を出した。そこには店を手伝って欲しいとあった。その喫茶店は何店舗もあるわけではない。駅近くに一店だけである（以下、喫茶Bと呼ぶ）。

ぼくは喫茶Bに入ったことがなかった。しかし駅近くのどの辺りにあるのかは以前から知っていた。外から眺める限りでは、珈琲好きの主人が一人でやっていそうな個人店に見えた。客が入っているところも見たことがなく、なんだか寂しそうな店だった。いったいタイミーワーカーに、何を手伝ってもらいたいのだろうか。

「タイミーから働きに来ました」

喫茶Bの扉を開け、朗らかに声がけした。予想通り、客は一人もいない。店内は薄暗くとても営業しているようには見えなかった。

奥から姿を現したのは、おそらくぼくよりも少し齢上の男性だった（以下、語部さんと呼ぶ）。

「うちウーバーイーツやってるんだ。知ってる？」

語部さんは、ぼくに挨拶もせず、いきなり質問してきた。

「ウーバーイーツですか？」

「ちょっとこっち来て」と語部さんは、ぼくを外に連れ出す。

「ほら、ここ見て」

語部さんは玄関ドア横の右上を指さした。そこにはウーバーイーツのステッカーが貼ってあった。

ぼくは後日、ウーバーイーツの仕組みを知ることになる。簡単に説明しておこう。

客は、ウーバーイーツのサイトから好きな料理を注文する。客の住所はあらかじめ登録されているので、注文した商品がしばらくして客宅に配達されてくる。

さて、その料理はどこで作られているのか。大きく二つの製造元がある。一つは、そこら中にある飲食チェーン。例えば、すき家の牛丼といえばわかりやすいだろう。

もう一つは、喫茶Bのような飲食店である。しかし前者と違って、客に喫茶Bの名前は表示されない。ひとまず「ウーバーイーツの委託製造工場」といっておこう。

商品を配達するのであるから、その運び屋がいるはずだ。これはもうお馴染みの、ウーバーイーツの配達員である。

一連の手続きがすべてネットで完結する。客が料理を発注する↓ウーバーイーツが委託製造工場にオファーを出す↓例えば喫茶Bが応諾する↓喫茶Bがその料理をつくる↓配達員が喫茶Bまで商品を取りに来る↓配達員はその商品を客宅に配達する。客はすでにネット決済をしているから、配達された商品を自宅で受け取るだけだ。

話を語部さんに戻そう。

「たとえばアサイーグリークヨーグルトって、どうつくるか知ってる？」

語部さんは、口早に語り出した。

「ほらウーバーイーツのレシピがこれ。つくるときにいちいち読んでいられないよね。だからここ見ればいいんだ」

語部さんは、自分でこしたらえた簡易レシピ表を掲示板に貼って、それを見ればすぐにつくれるようにしていた。

ぼくが雇われたのは18時30分~21時30分であった。この3時間、まず、入店客はいない。そして、ウーバーイーツの注文は3件ほど入っただろうか。

その注文はスムージーであったが、つくっているのは語部さんである。ぼくがやったことといえば、冷蔵庫にあるバナナを輪切りにした程度。つまり何もしていないのに等しい。

この間、ひたすら語部さんのトークを聞いた。いや、聞かされたといったほうがよいだろう。

どうやら1階が喫茶店で、2階が語部さんの住居のようだ。

「誰か、この店を継いでくれる人はいないかな。俺、もう辞めたいんだ」

語部さんの引退モードの発言も多く聞かされた。ぼくは同世代のよしみで、共感したふりをして適当に相槌をうち、語部さんの聞き役に徹した。

ぼくは悟った。今日の仕事は、語部さんの話し相手なんだと。

求人側は、基本的には特定の仕事をしてもらいたいからタイミーワーカーを雇う。ただし個人事業主だと、事情はさまざまだ。語部さんの場合、建前は「店を手伝ってもらいたい」だが、実際は「よい人なら店を譲ろうかな。そのために店の状況を話しておこう」というのが本音なのである。

ぼくは、個人がタイミーワーカーを雇う動機の多様さに気づいた。

7　いろいろ訊いてくる主：あの～いま忙しいんですけど

カレーハウスＣｏＣｏ壱番屋に働きに行った。ぼくはそれ以前にゴーゴーカレーで何度か就業しており、興味を持ったので次はココイチへ行こうと思ったのだ。

カレー屋さんは働きやすい。ぼくがそう感じたのには二つ理由がある。

一つ目は、オペレーションが単純であること。メニューはいくつもあるが、ベースはカレー。銀皿にごはんとキャベツを盛りカレーをかける。その上にトッピング。商品はそれだけ。

客は先に券売機で食券を買う。タイミーワーカーは、その食券を受け取り調理担当へ渡す。そしてできたカレーを客に運ぶ。その繰り返し。調理補助といっても、キャベツを盛る、トッピングのカツにソースをかける程度。何ひとつ難しい作業はない。

二つ目は、馴染み客が多いこと。ふらっと入ってくる客はまずいない。つまりそのカレー屋さんの固定ファンで、いつも通り、黙々と食べてさっさと帰って行く。爪楊枝を口に入れげっぷをして。男性客が多い。

いつものお気に入りのカレーが目の前に置かれさえすれば、文句をいう客はいない。タイミーワーカーは、愛想よくしていれば接客で煩うことはない。

ゴーゴーカレーでは、そういう働きやすさが気に入った。ココイチも同じだろうと思っていた。カレーハウスＣｏＣｏ壱番屋には2種類の店がある。直営店とフランチャイズ店である。ぼくが働きに行ったココイチA店はフランチャイズ店だった。だから店長はオーナーである。

「どうしてうちに来たの?」

店長の田抓さんは、ホール業務を一通り説明してくれた後、ぼくに訊いてきた。「一昨日たまたまここの求人を見たからです」と言うのも無愛想だと思い、「よくこの店に食べに来ていました。とても感じが良い店だったので前から働きに来ようと思ってたんです」と嘘をついた。嘘も方便と思って。田抓さんは心なしか嬉しそうだった。

さて問題はここからだった。

「須来間さん、本業は何してんの?」

「タイミーで、これまでどこで働いたの?」

「勤務先を定年退職したって感じ?」

田抓さんは立て続けに質問してくる。

ちなみにこのとき、ぼくはホール業務を遂行している最中である。つまり手を動かしているときに、ぼくにぴったり寄り添った田抓さんが尋ねかけてくるのである。これが同じアルバイトの若い子たちだったら適当に受け答えしていればよいが、田抓さんはオーナーであり、タイミーでぼくを雇ってくれた主なのだ。真面目に答えないといけない。

「かつての本業は経営コンサルタントでした。今はタイミーだけで働いています。自分の会社をやってたんですがいろいろあって休業したんです」とぼくは答えた。

その間も何組もの客が来店している。水やカレーも運ばないといけないし、帰った客の汚れた皿を盆に載せ洗い場に持って行かねばならない。同時にテーブルをダスターで拭きメニューをセットし、順番待ちしている次の客を案内もする。

ほっと一息ついてホールの所定の位置に戻ったら、また田抓さんはぼくの横に来て口を開く。

「須来間さん、趣味は何?」

「子どもいるの?」

「奥さんは、どんな仕事してるの?」

繰り返すが、ぼくは仕事中だ。「あの〜いま忙しいんですけど」という気分になった。正直なところ、田抓さんが鬱陶しかった。

タイミーワーカーは、初勤務ではやけに緊張する。この緊張の正体は何か。それは状況把握のために精神を集中させているからである。その職場の様子や勝手を少しでも捉えようと脳がビンビンに動いている。状況を適切に認識してから作業をしないといけないから。その一連の心身の連動で多忙である。世間話程度なら適当につきあうが、まるで面接みたいな質問にまっとうに答えている余裕などない。

一方、その職場に毎日いる人には、職場の様子や勝手が身体に沁み込んでいる。全身で状況をすでに知っているといってよい。彼らの脳はそのとき緊張していない。そこにふだんはいないタイミーさんがやって来たのだ。無意識だろうが好奇の目を向けてしまう。ワーカーが作業中はさすがに声をかけないが、ワーカーの手が空いたら、いまが話す機会だと思ってしまう。

「趣味はいろいろです。気楽に暮らしていますよ」と答えたら、田抓さんは、「あっそう」とふぅ〜んという感じで去って行った。

ぼくは、いろいろ訊いてくる主を撃退する術を身につけた。

8　一言多い使用者：ぼくの寝室を見たことないくせに

ホテルU庵には二度勤務した。U庵での仕事は、ぼくには忘れがたいものとなった。

初出勤の日、従業員通用口前で、たばこをふかしているひとりの中年女性がいた。冬貝さんである。

「タイミーから働きに来ました」

ぼくは冬貝さんに声がけした。

「お待ちしてました。こちらへどうぞ」

冬貝さんは、ぼくを通用口の中に誘導してくれた。愛想がよくて、言葉遣いも丁寧だった。ぼくは冬貝さんに好印象をもった。

そして客室清掃スタッフの溜り場に案内された。ぼくをその部屋に入れると、冬貝さんはそこから立ち去った。

その部屋にはすでに2人の若い女性がいた。2人とも黙って椅子に座ってスマホを弄っている。しばらくすると別の中年女性が加わり、ぼくを含めて4名がその部屋に集まった。

10分ほど経過した。誰も一言も話さない。妙な沈黙の時間だった。

そのとき、冬貝さんが戻ってきた。戻ってくるなり、3人の女性に何か紙のシートのようなものを渡した。すると、3人はさっさとその部屋から出て行った。不気味だったのは、3人ともずっと黙っていることだった。

余計なおしゃべりはしない。各自仕事に集中し、てきぱきこなす。そういう雰囲気の職場なのかなと、ぼくは前向きにとらえた。

「私と一緒に行きます。ついて来て」

残されたぼくは冬貝さんに従った。

仕事は客室清掃業務なので、冬貝さんから一通りのやり方を教わる。このときまでに、ぼくは他のホテルで客室清掃業務を多く経験しているので、難なく作業をこなした。

「難なく作業をこなした」つもりだった。一部屋を終えると冬貝さんが戻ってきた。ぼくの作業の出来栄えをチェックしている。

「ベッドの下にほこりが残っていますよ。モップがけをちゃんとしましたか」

「ハンガーにかかっている浴衣の袖がきれいに折りたたまれていません。それにこのハンガーの向きも反対だし」

「バスタオルやフェイスタオルを置く位置はこうではないです。タオルの輪になっているほうをお客様の見える向きに揃えるようにと言ったでしょ」

「ベッドメイクする前にベッドの奥の上のほこりを取っておいてよ」

他にもダメ出しされたことはあったかもしれない。立て続けに多くのことを指摘されたので、素直に聞き入れるよりも、「いちいちうるさい」という感情が先だった。

ぼくが一部屋終えるごとに、冬貝さんは確認にやってくる。そしてまた新たなダメ出しをするのである。最後に、「やり直して下さい」と言い残して。

「デュベカバーにシワがあります。このシワを伸ばして下さい」

そう言われたとき、ぼくはカチンときて、冬貝さんを睨みつけた。そして「やけに細かいですね」と嫌味たらしく言ってやった。

冬貝さんはぼくの不満顔を察したのか、少しだけ事情を話してくれた。

「私も他のホテルからここに来たの。ここの支配人はうるさいのよ。客室が完全に商品になっていなかったら許さないんです」

冬貝さんも、支配人から部屋の品質を厳しく要求されているようだった。冬貝さんの立場に少しは同情したものの、「うちにはうちのやり方と最終の仕上がり状態がある」という態度は、ぼくには鼻持ちならなかった。

仕事は15時まで。ぼくは最後の部屋にとりかかっていた。大急ぎで仕上げたが、フェイスタオルをかけるのだけ残した。

「少し残しましたが、これであがらせていただきます」と冬貝さんに丁寧に伝えた。

すると、

「部屋が仕上がっていないのに、あなたは帰るんですか」

冬貝さんはぼくにそう言ったのである。

「あたりまえだろ。ぼくはこの業務を請け負ったんじゃない。時間で働きに来て、たまたまやれと指示されたのがこの作業だっただけだ」と言ってやりたくなったが、ぐっとこらえた。

二度目の勤務では、こんなことがあった。

「この枕カバーの上辺に空気が入っていてだぶついています。ぴんと張らなきゃいけません」

やかましいと、また睨んでやった。すると冬貝さんはこう言ったのである。

「あなたの寝室ではよくても、うちではこれだとダメなんです」

ぼくの自宅の寝室を見たこともないくせに、「あなたの寝室ではよくても」とは何たる言い草か。冬貝さんはどうも一言多い。このときぼくは気づいた。他のスタッフが誰も静まっているのは、この職場環境に辟易しているのかもしれないと。

タイミーにはワーカーのレビューというのがあって、その勤務の評価ができる。きっと誰か別の人もぼくと同じような経験をしたのだろう。

「テーブルが拭かれていないとダメ出しされた。その証拠に、テーブルに指紋がついていると指摘された」とのコメントが書き込まれていた。

その人が文句を言っているのは、テーブルに残っている指紋なんて、作業中に肉眼で見えるもんかという不満だろう。冬貝さんなら言いかねないと思った。

仕事に熱心なのはわかる。しかしそれがタイミーワーカーへのダメ出しのみでしか伝えられないのでは、ワーカーは気分を害してしまい、結果的に丁寧な仕事をしてもらえなくなるだろう。冬貝さんのように一言多いとなおさらである。

使用者にとってタイミーワーカーは、部下ではない。すなわち、その成長に責任を負うべき存在ではない。タイミーワーカーには、よく働いてもらうだけであるから、仮にダメ出しするにしても、基本的にポジティブな言動をとったほうがよい。そして余計なことは言わないことだ。

「須来間さん、ほら、こうやると、枕カバーの上辺に空気が入らずぴんと張れるでしょ。簡単よ。次からやってみるといいわ。申し訳ないけど、これやり直してくれるかしら」

冬貝さんがそう言ってくれてさえいれば、ぼくはすぐにその作業のコツを会得していただろう。そしてU庵に何度も通ったと思う。

9 不特定多数の客と接する仕事その1：とんでもない客がいる!?

ガソリンスタンドのO商事が給油スタッフを募集していた。O商事はセルフスタンドを数店舗経営しているが、この度、某店をリニューアル工事する。その間、給油スタッフを雇うそうだ。

「ここセルフでしょ。なんでこんなに人いるの？」

O商事に初出勤の日、いきなり利用客に尋ねられた。

「隣で工事してまして、火とかガスを使うもんですから、消防法の決まりで、給油スタッフを置かないといけないんです」

あらかじめ教わった通りに客に答える。

ぼくは車に乗らないことはすでに述べた。だからガソリンの入れ方なんて知らない。そんなぼくでも給油スタッフの仕事はすぐにできた。

二つポイントがある。一つ目は、ハイオク、レギュラー、軽油の3種類について絶対に入れ間違わないこと。ただ、油種指定や給油量は客が機械で入力してくれるので、ぼくはその指示を見るだけである。それに、ハイオクは黄色、レギュラーは赤色、軽油は緑色がついている。給油ホースを取り間違うこともない。

二つ目は、給油を的確に行うことである。車の給油口を開けて給油ノズルを差し込む。あとはレバーを引くだけ。これも簡単である。レバーを引いていても指定量まで給油されれば、機械が勝手に給油を止めてくれる。何も難しいことはない。

ぼくはO商事に20回以上勤務したと思う。9時から15時までの昼勤務と、15時から21時までの夜勤務とがあった。ぼくは昼と夜半々で給油スタッフとして働いた。

客はガソリンスタンドに何をしに来るのか。車にガソリンを入れにくる。当たり前だ。だから客に望まれる通り給油していたら文句を言われることはない。そう思っていた。

ぼくは給油スタッフのような仕事を「不特定多数の客と接する仕事」と表現している。この仕事では、ぼくにとって、とんでもないと思えることがよく起こるのである。

「軽油70リットルと言ったよな！」と、トラックの運ちゃんにきつく文句を言われた。給油機の表示は69・99リットルであった。しかもこの客が軽油の満タンを指定したのだ。ぼくは給油ノズルのレバーを引いただけ。満タンになり給油機が自動で止まったのである。だが、「ほぼ70リットルの軽油が入っている」という理屈は客Aには通じなかった。その客は不満たらたら顔で帰って行った。

「給油機が止まってから、あと2リットルほど入るんや」

客Bは、ぼくから給油ホースをひったくり自分でさらに給油しようとした。給油ノズルの先端部分にガソリンが跳ね返ってくると、給油は自動で止まる仕組みになっている。そのため満タンにしようと思えば、給油ノズルをあまり奥まで差し込まないことがコツである。ぼくはそういう工夫までして「ほぼ満タン」にしているのに、客Bは「超満タン」にこだわる。しかもぼくに「おまえ給油下手くそやな」という態度を取った。

「あっ、またあかん。へぼい機械め。あんたやって」

客Cはとてもイライラし、機械を足蹴りした。

機械で油種を指定するのは客である。客Cはレギュラーを入れたかったのだが、油種の選択画面で手が震えて軽油を押してしまうのである。3回操作をして、3回とも押し間違えた。そして自分で我慢ならなかったのか、機械にあたったのである。

ぼくは警戒して見ていたが、客Cはそれほど狂暴に感じなかったので、丁寧に助けてあげた。

給油後、プップーとクラクションを鳴らして客Cは帰って行った。ぼくへのお礼なのか。それともまた手が震えてクラクションを鳴らしてしまったのか。

勤務中、どういう客と接するかわからない。このことにより、ワーカーが精神にダメージを受けるおそれがある。世間ではカスタマーハラスメントともいう。

ぼくは経験則として、不特定多数の客と接する仕事にはあまり就かないほうがよいと思うようになった。深刻に心を傷つけられるリスクというよりも、客の常識外の言動が煩わしいからだ。

10　不特定多数の客と接する仕事その2：あれ、みんな笑ってるよ！

前節ケースの例外を紹介したい。

いま大型ショッピングセンターに、子どもの遊び場やキッズスペースなどが続々と設営されている。代表例はイオンモールだろう。そのイオンモール内に、イオンファンタジーが運営する子どもの遊び場がある。

ぼくはシェアフルで、イオンモール白山にある「ちきゅうのにわ」に何度か勤務した。

「おじさん、ほら、ニンジンが出てきたよ！」

可愛らしい女の子が満面の笑みをたたえて、ぼくにその玩具のニンジンを見せてくれた。

ぼくが最初に就いたのは、砂場だった。

「子どもたちは砂場から上がってくるとき、砂をまとってますので、適宜床を掃いて砂場に戻して下さい」

「履いてもらってる雨靴がすぐに乱れますから、常時きれいに並べ直して下さい」

指示されたことはなんのこともない。楽な仕事だった。ぼくは砂場担当のおじさん。その作業をしつつ、砂場で遊んでいる子どもたちや親御さんの様子を見守っていればよかった。そういう状況で、先の女の子は、掘り出した玩具のニンジンを見せてくれたのである。

「お～、見つけたんだね。すごいよ！」

砂に玩具のニンジンを埋めてあるなんて知らなかったけれど、咄嗟の判断で、その子に応対した。お母さんも笑ってる。

次に就いたのは、カモメスライダーだった。

「体重の軽い子だと、途中で止まってしまいますから、下から助けに行ってあげて下さい」

この指示は、どういうことなのか現場を見るまでわからなかった。

スキー場のリフトをイメージするとよい。そこに子どもを乗せる。スライダーというほどに、上からリフトに乗った子どもが降りて来る。

上のリフト乗り場を担当している人もシェアフルさんのようだ。彼女が、反動をつけて子どもが乗ったリフトを押さないとスピードが出ず、体重の軽い子だと、リフトがぼくが待ち受けている下まで降りて来ない。途中で止まってしまうのである。するとその子は、リフトに乗ったまま宙づりになってしまう。こういったシーンが何度もあった。

子どもは、別に泣き出したり、パニックで無理やりリフトから降りようとするのでもない。

きょとんとした顔つきで、「あれ、止まっちゃったな」みたいな表情をしている。外では親御さんがその様子を見ている。

ぼくは、「下から助けに行ってあげて下さい」と指示されている。直観でこの仕事には演技が必要と悟った。

「いまから救出に向かうからな。そこでじっとしてるんだぞ」と叫んで、下部に敷いてあるセーフティネットを登って行った。これが一苦労である。セーフティネットは歩き難い。登るとバランスを崩しそうになる。演技だから、ぼくが転んだりしてみた。すると周囲で笑いが起きる。

やっと子どもが宙づりになっているところまで着き、

「さぁ、一緒にここからスライダーしようぜ」と、その子の背を押してあげる。そして着地場まで降ろすのである。

「楽しい！　もう一回やるよ」と、その子は走ってリフト乗り場に駆け上がっていく。それも何度も何度もだ。傍にいるお父さんもお母さんも楽しそうだ。息子や娘のはしゃぐ姿をカメラやビデオに撮ったりしている。

カモメスライダー担当おじさんのぼくはもうへとへと。もうそろそろ飽きて欲しいんだけど。でも周囲の笑いに包まれると、ぼくも元気をもらえた。

解説しよう。

不特定多数の客と接する仕事ではある。しかし前節と違って、とんでもない客は一人もいない。子どもを人質にとると、大人の態度はこうも違うものかと実感した。

「金払ってんだから、こっちの好み通りにサービスしろ」という大人のエゴは封印される。だって我が子がきゃっきゃっとはしゃいでいるのに、親が真顔で施設側に苦情や不満を表していたら、自ずと恥ずかしくなるだろう。

ぼくには不特定多数の客と接する仕事の例外で、こういう状況ならいくらでも就いてみたいと思った。

11 上がアホやから：タイミーさんを雇う必要なんてないんだ

24時間営業のドラッグストアWの仕事に就いた。深夜0時から朝9時まで。

現地に15分前に着き、事務所でQRコードを読み込む。広い店内には女性スタッフと若い外国人の男性スタッフがいた。

「夜勤スタッフがもうすぐ出勤しますので、タイミーさんはこちらで待機して下さい」

ぼくを事務所に案内してくれた女性スタッフはそう言い残して店のレジに戻った。

23時55分頃、夫兵さんが出勤してきた。ぼくは、「タイミーから働きに来ました」と挨拶した。

「じゃあ、仕事始めておいて。俺は、0時5分から勤務だから」

と夫兵さんが言う。

「今日初めてなんで、何をすればよいでしょうか」

ぼくはドラッグストアの品出し業務をするのは初めてだったので、夫兵さんが言う「仕事を始めておいて」が何を指すのかわからなかった。

今日はどのようなタイミーさんが来るのか。ワーカーの個人情報は、雇用主が必要な内容をあらかじめ確認しておけるはずだ。この現場は初めてなのか、他のドラッグストアで品出し業務をした経験はあるのかないのか。それぐらいは事前にチェックしておける。

3節で述べた通り、タイミーワーカーを管理する人と、現場でワーカーに指示などをする人とが別人の場合、当日の現場担当者にタイミーワーカーの情報が十分に伝わっていないことが多い。だから夫兵さんにとっては、誰が来ようが知ったことではなく、タイミーさんが出勤したらしたで、後は夫兵さんらがいつもやっている業務を勝手にやってくれるものだと思っている。

「出せずに残しておいてくれたらいいよ。上がアホやから。タイミーを雇う必要なんてないんだ」

夫兵さんがそう言ったとき、ぼくはこの事態を問題視した。

夫兵さんは元社員だったそうだが、今はアルバイトになっているとのこと。この日この時間、店長は出勤していなかった。深夜勤務は夫兵さんともうひとり若い男性とがいた。ぼくを入れると3名で、朝の9時まで店をまわす予定のようだった。

深夜なので来店客は少ないけれど、買い物しに来る人は無くはない。客が買い物するとレジに少なくともスタッフ1人はとられる。客が多くなると、さらにもう1人のスタッフがレジ対応しないといけない。

レジ対応していると、品出し業務ができない。おそらくこの店の店長は、品出し専用のスタッフとしてタイミーで求人したのだろう。それにぼくが応募したということだ。

夫兵さんにとっては、深夜は2人でまわせるのに、どうして余計な人件費を払ってタイミーさんを雇うのか、という不満があるのだ。その分の給料を自分に回せとでも言いたかったのだろうか。

しかし、その不満をわざわざ言葉にして、タイミーさんのぼくに話すか？　と正直思った。

「出せずに残しておいてくれたらいいよ」というのは、時間内に予定された品出しができていなくても構わない。むしろそういう結果となったほうが、「ほらみたことか。タイミーなんて使えないだろ。雇う必要なんてないんだ」との口実に使えると思ったのだろう。

ぼくはとても気分が悪かった。ぼくがワーカーとして必要とされていない状況が厳然とあった。

「上がアホやから」という台詞は、その後、他の職場でも幾度か耳にした。タイミーを雇った人には、それなりの考えがあってのことだろうが、当日の現場の人が、タイミーさんにネガティブな態度を取ったり、中にはタイミーさんにしてもらうことは何もないんですというケースもあるのである。

こういう職場には二度と行かないほうがよいと思った。

12　直雇用にスカウトされる：浅慮な動機

某牛丼チェーン店で洗い場の仕事に就いた。その求人には2日連続でマッチングされていた。

ぼくが初出勤した日、その店はリニューアルオープン初日であった。

ぼくは、すでにシェアフルで同業種の洗い場に就いた経験があったので、ここも同じような店の構造だろうと予想していた。

来店客に料理を提供するのと併せて、ドライブスルーにも対応しないといけない。厨房は大忙しであった。ぼくの担当する洗い場は、店内で食事を済ませた客の下膳と厨房で使用する調理器具などを洗浄機で洗うのが仕事である。

ぼくは手際が良かったのだろう。

「須来間さんは、仕事が早いから助かるわ」

と褒められた。

翌日も働きに行った。しばらく食器など洗浄業務をしていると、店長に、事務所に呼び出された。

「須来間さん、うちでアルバイトしない？」

店長は笑顔でぼくの反応を窺っている。一瞬、昨日と今日と、もうアルバイトしてるじゃないですかと思った。でもすぐに店長の言っている意味を理解した。タイミーを介さずに、直雇用のアルバイトにならないかと誘っているのである。

直雇用のスカウトはこれで5回目だった。ぼくが5回も同じような誘いを受けるということは、どこの会社も考えることは同じであるということだろう。

この話には背景がある。

求人側は、タイミーにワーカーの給与を支払う。その支払い方は、求人側の給与サイトに沿っているはずだ。例えば、「月末締めの翌月25日払い」のように。

一方、タイミーワーカーは、給与は即時払いで受けている。このとき、その給料は誰が払ったものか。通帳には求人側企業名が記載される。あくまで求人側企業がその給料を支払った体になっている。ところが実際に振り込んでいるのはタイミーである。つまりタイミーが立て替え払いしているわけだ。

ぼくのようなタイミーの常連のワーカーを想像してみるとよい。給与は即時払いであるから、仕事が終わったらすぐに銀行口座に振り込まれているので金を下ろせる。下ろした金はすぐに生活に使う。そういう生計サイクルになっている。

もし直雇用のスカウトに応じたらどうなるだろうか。スカウトした企業の給与支払いサイトが、上述の「月末締めの翌月25日払い」だったとしよう。例えば某月1日に1万円の給料の仕事をしたら、その1万円を受け取れるのは翌月の25日なのである。

繰り返すが、タイミーで働いたら給料は即時に受け取れる。しかし直雇用になると、同額の給与を受け取れるのは最大55日後となるのである。

ぼくの観察によると、タイミーに求人を出す企業の中には、次のような「浅慮な動機」を持つところが少なからずある。

まずタイミーで人を雇う。そのワーカーの働きぶりを見て直雇用に誘うかどうかを決める。その意思決定は早いほうがよいと考える。

「このワーカーは使えない」と思ったらその日限りだ。そのワーカーから後日応募があっても、適当な理由をつけてマッチングしなければよいだけのことだから。

反対に、この人は良いと判断すると、すぐに声をかける。なぜ急ぐのか。直雇用にすると、タイミーにワーカーの紹介手数料30％を払わなくてもよくなるからだ。

ぼくは「浅慮な動機」と表現したが、これには二つの意味がある。一つ目は、まったく自社都合で考えているということ。例えば、タイミーを介した場合、ワーカーへの給与を時給1000円とすると、その企業がタイミーに支払う額は、時給1000円＋タイミーへの手数料30％の300円となる。しかし仮にぼくが直雇用されたとしても、ぼくの給与は時給1000円で同じだ。要するにその企業はぼくを直雇用することで、そのタイミーへの手数料をまるごと浮かそうとしているのである。ぼくにはあまり気持ちの良いことではない。

「須来間さん、直でアルバイトしてもらえると、タイミーに支払っていた手数料の半分をあなたに回します。時給1150円にしますがどうですか」

こういう気の利いた誘い方をしてくる企業は、ぼくの経験では皆無であった。

二つ目は、上述の通り、常連タイミーワーカーの生計は即時収入・即時支出のサイクルとなっている。企業側は、この実態に想像すら及んでいない。はっきりいって無知である。もしぼくが直雇用を受けその企業にべったり入ってしまうと、最初の1ヶ月ほぼ無収入となる。

そうした事情を察して、「うちでは給与の前借できますよ」と言う会社は一社もなかった。

こういった話を、誘ってきた店長に丁寧に説明した。そしてそのお誘いをお断りした。

別の会社で言われたセリフを思い出す。

「タイミーに問い合わせたところ、タイミーで来てくれた人を直雇用に誘うのは、どうぞご自由になさって下さいと言われています」

別に悪いことではないとでも言いたげであった。

ぼくは思った。タイミーの本音は「やれるもんならやってみろ」なんですよ。

第3章

還暦タイミーさん、知恵を絞るの巻

本章では、タイミーで約2年働いてみた体験からの知恵を紹介したいと思う。タイミーワーカーとして、ただ働いているだけでは取り柄がない。ぼくは還暦タイミーさんなのだ。過去の職業経験で培った知恵が潤沢にある。

タイミーでよりよく働くのに参考になれば嬉しい。

1　設営は行くが撤収は行かない：エントロピー増大の法則

各都道府県には、コンベンションセンターと呼ばれる産業展示施設があると思う。石川県にもわりと大きな産業展示館がある。一号館から四号館まであり、この四つの展示館で定期的にイベントが開かれている。

イベント内容は様々である。ある業界の新商品販売会（例えばウィンタースポーツ用品の販売イベント）、特定の食べものの祭典（例えば北陸ラーメン博）、スポーツや競技の宣伝イベントなどである。

こども将棋大会なるイベントが開かれたとき、タイミーに求人が出ていたので応募してみた。こういうイベントは、通常一定期間開かれる。おおよそ2、3日間ではあるまいか。そして、大勢の関係者が現地に集まる。こども将棋大会の場合、会場の設営や撤収を行う業者、資材などを運ぶ運送業者、将棋界の関係者、イベントを運営する人たちやゲスト（将棋大会であるからプロ棋士が来場していた）である。来場客を除くと、このような裏方の人たちが現場に出入りする。

タイミーで働き手を集めるのは、会場の設営や撤収に多くのマンパワーを必要とするからである。なにせ広い会場なので、舞台やテーブルや椅子、音響や照明機器など、大量の資材や道具などを動かさないといけない。

すると求人会社にとっては、このイベントが開かれている日にすべて働きに来てくれるワーカーだと有難い。なぜならワーカーは初日の仕事で、現場の状況がわかるからである。開催が3日間なら、初日と最後の日に人手が要る。中日はあまりすることがない（来場客の受付業務などはあるが）。タイミーワーカーも、初日と最終日の両日に応募する人も多かろう。

しかしぼくはこのような体験を何度かして、「設営は行くが撤収は行かない」という知恵を備えた。なぜか。理由はいたって単純で、設営時は何もかもが整然としているが、撤収時はすべてがごちゃごちゃしているからである。小難しい言葉を使えば、エントロピー増大の法則が働いている。物事は時間が経過するほど乱雑になっていくのだ。

設営時と撤収時の労働を比較してみよう。結論的に言うと、設営時のほうが楽なのである。体力も気力も省力化できる。

「タイミーさん、この図面にある通り、机と椅子を並べておいて下さい」と指示された。

何もなかったスペースに机と椅子が運び込まれている。もちろん机と椅子は綺麗で汚れていない。あとは整然と並べるだけだ。状況が乱雑でないと作業がやりやすい。

ところが撤収時は、その現場に働きに来ている人たちがみんな疲れている。イベントの運営で体力も気力も奪われているからである。

さらに事態がごちゃごちゃしている。机と椅子の例だと、それらは定位置から乱れている。机上に小物などが散らばっている。また手垢などで汚れている。また辺り一面がモノで散らかっている。

疲れている人が乱雑な場所で作業する場合、不快だし、心身ともにだるい。すると、設営時と反対なだけの同じ作業をするのに、精神的にも肉体的にもエネルギーを多く消耗する。

ぼくが観察したところ、若者タイミーさんは案外このことに気づいていない。こちとら還暦タイミーさんは、省力化指向である。

同じ給料で複数日の勤務がある場合、このように設営時のみに応募するとよい。なにも求人会社の都合にあわせてやる必要はないのである。

2　就業場所を吟味する：〝移動的就業場所〟のリスクと利点

ぼくは、就業場所を「固定的」と「移動的」とに二分している。

ある特定の倉庫や店舗で働く場合、その就業場所は固定的とみなす。一方、第1章で紹介した引越アルバイトだと、ワーカーはトラックに乗って複数の現場を回るわけだから、移動的である。

タイミーで就く仕事のほとんどは〝固定的就業場所〟である。なお大型施設（例えば大きいホテル）で、構内を移動しながら仕事をするケースがあり得るが、それも、ある特定の建物内で就業するという意味で〝固定的就業場所〟とする。

ここでは、反対の〝移動的就業場所〟について考察してみたい。

「こないだ事故ってよ、脚に金属の膝関節入れてんだ」

「この仕事だるいよな。俺、いま辞める気満々さ」

投槍さんは、ナゲさんと呼ばれている。2トントラックに乗ってナゲさんと複数の現場を回ったとき、ぼくはナゲさんから愚痴を連発された。

ぼくが就業したのは、配送事業者のＬＡ社。主としてニトリの家具などを購入者宅に届ける事業者である。家具でもベッドやソファといった大物である。客はニトリで購入するが、小物の家具なら自分で持って帰る。しかし大物は後日配送事業者に自宅に届けてもらう。

タイミーでＬＡ社の助手の求人を見て、引越アルバイトみたいなものかと興味が出た。様子を観に行こうと応募してみた。

ぼくがＬＡ社で初勤務のとき、助手として就いたのは邦用さんだった。邦用さんは穏やかに話す。ＬＡ社の安全管理責任者だそうで、2トントラックの運転、荷の扱い、客宅での作業や応対、いずれも実に慎重で丁寧であった。

ぼくは助手として邦用さんのお役に立てるよう、指示されたことなどを精一杯やった。どうやら邦用さんとは相性が良いらしく、この一日仕事は楽しかった。

だから次も行った。そのときは大力さんの助手になった。大力さんも邦用さんと同じく温和で仕事のできる人であった。しかも背が高く力持ち。次の次は茶良さん。茶良さんはチャラい男に見えたが、根は良い人で、ぼくに親切に接してくれた。

「ＬＡ社は、どの社員についても仕事が楽しい」

ＬＡ社に3回通ったぼくは気を良くしていた。しかし4度目にナゲさん（投槍さん）に出会ってしまったのである。

ＬＡ社は社員が10名程度のようだ。

一つ問題があった。その日雇われたタイミーさんは、少ないときはぼく一人だし、多いときはぼくを含めて5名になるときもあった。問題は、タイミーさんの誰が、その日出勤している社員の助手になるかは、当日トラックが出発する直前に決まること。ぼくらは〝配置ガチャ〟と呼んでいた。

投槍さんは、小声でぼそぼそ話す。だからとても聞き取り難い。

ある客宅に大型ソファを運び入れる際、「おい、返事しろよ。なんで黙ってんだ」とぼくに言うもんだから、ナゲさんがいま何か用を言ったと初めて気づいたぐらい。「ハキハキと話せよ」と文句を言いたくなったがぐっと堪えた。

あるアパートの2階に40kgの大型テーブルを運んだ時だ。

「脚に鉄棒入ってるから、ふんばりがききやしない」と言って、ナゲさんは手伝ってもくれない。ぼくがひとりで階段で2階にテーブルを持ち上げて運んだ。足がふらついて思わず階段を踏み外しそうになった。

「この程度の重さの荷物を運べないなら、うちでは務まらんな」と投槍さんに言われたとき、「こいつとはもう組みたくない」と実感した。

読者はもうお気づきだろう。移動的就業場所にはリスクがあるということ。ペアとなった人との関係に起因して、現場で協働できなくなることが起こり得る。客宅で配送事業者の2人が口喧嘩でもしていたら、誰だって最悪だと思うだろう。

そして移動に伴うリスク。助手はトラックを運転しない。運転するのは、LA社の社員である。万が一交通事故に遭うかもしれないと思うとぞっとする。

反対に移動的就業場所の利点は何だろうか。ぼくは、それは実労働時間の短さであると考えている。LA社を朝8時に出発し17時に戻ってくるまでの9時間。ぼくの計算では、そのうち多いときには6割が移動時間である（休憩時間を含む）。つまりトラックの助手席にただ座っているだけでよいということ。こんな楽な仕事はないと思える。

配置ガチャだけど、波長が合う人と組んだら、その一日仕事は愉快だし安全に仕事ができ、おまけに給料も多くあたる。

けれど、相性がよくない人と組まされると、気分が悪くなったり、思いがけず怪我をしたりする可能性が高まる。そういうときに限って交通事故などにも遭うかもしれない。

3　身の安全は自分で守る：物陰に隠れているおじさん

第2章5節で紹介したU運輸での経験が、ぼくに大切な知恵をもたらした。

大型トラックが現場に着くとタイミーワーカーが集まる。そして積まれているものを降ろしカゴ車に積み直す。

タイミーワーカーは、トラックの荷台に乗り資材を降ろす。トラックの下でその資材を受け取りカゴ車に運ぶ。そしてカゴ車内に整然と並べて最大限載せられるように資材を整える。それぞれの役回りで各々が判断し仕事する。ぼくも最初は果敢にトラックに乗り込み、資材を降ろす作業をやった。

あるとき、いずれの役割も担わずに、物陰に隠れるように突っ立ってるおじさんがいるのに気づいた。この男性もタイミーで来ているようだ。ぼくは最初、彼がサボっているのではないかと疑っていた。みんなこうやって自主的に仕事を買って出ているのに、あいつは何もせずにボサッと立っている。

先に結論を言うと、このおじさんは怠けていたのではなかった。その証拠に、資材を開梱する作業はテキパキとやっている。休憩時間になっても作業をやめないので声がけしたぐらいである。

後にわかったことだが、このおじさんは、危険なことは進んで引き受けないというポリシーをお持ちのようだ。ぼくはかなり知恵があると自任していたが、このおじさん、すなわち先輩の還暦タイミーさんに痛烈に教えられた。

ヤマト運輸のような名の通った会社は、作業者の安全管理は徹底されている。それでも事故は起こり、ワーカーは怪我をすることもあるのである。

U運輸のように中小零細企業だと、労働者災害保険には加入しているとは思うが、労働者の安全管理には十分に対応できていない。現場には一人親方がいるだけだから。やらされた業務で怪我でもしたら、そのワーカーの一人損となる。

ぼくは先輩の還暦タイミーさんから、次のノウハウを伝授された気でいる。

大勢のタイミーワーカーで力仕事をする際は、目立たぬように後ろのほうで様子を見ているのがよい。とうとう自分の番が回ってきたら、できるだけゆっくり作業すること。

競って進み出て、しかも慌てて作業を急ぐのは若者タイミーさんのすること。「若気の至り」と言うではないか。

その若者が作業で何かしら怪我でもしようものなら、「体が資本だぞ。気をつけろよ」と優しく言ってやるのがよい。

別の事例を紹介しよう。

前節のLA社の例が分かりやすいだろう。たとえ〝配置ガチャ〟でも、その日一人の運転手と組んだら仕方がない。その運転手が誰であろうと、助手として補佐しなければならない。

ぼくは、運転手は「客宅に、客が望む通りの態様で、客が買った品を運びかつ置く（ときには設置する）こと」が仕事と考えている。他方、助手は「運転手の仕事がはかどるように、指示に応じて作業をすること」が仕事と思っている。前者は「客への価値提供」だが、後者はあくまで作業である。

ある雪の日、LA社の仕事に就いた。初めて具井さんと組んだが、具井さんは無口な人だった。何も説明してくれない。朝トラックが出発するときから、なんだが嫌な気がした。

ある客宅に大型ソファを納品する際、玄関前で開梱したあと、そのソファを宅内に2人で運び入れようとした。具井さんが前で、ぼくが後ろからソファを持った。大型だから2人で持ってもけっこう重い。

玄関前は残雪が凍っており、しかもダンボールから取り出したソファの底にまだビニールが取れないでいた。具井さんが前へ進みかけたとき、後方でソファを持ち上げているぼくの足元にそのビニールが絡まった。上半身に何もなかったら手でよけれたが、そのときぼくは重いソファを担いでいるのである。

ソファは大きく足元が見えない。けれど凍った残雪の上だと滑ると予見できた。果たして、ほんとうに滑りかけた。具井さんにぼくの緊急事態を伝える間がなかった。ぼくの足が滑ってバランスを崩しそうになった。

本能的だったが、ソファを持ったままならぼくの身体が下敷きになると思い、そのソファを少し脇に放った。ソファは玄関前の床に落下した。そのためソファの下部に傷が入った。その傷はけっこう目立っていた。

このときのぼくの一瞬の判断を、ここに正直に記しておこう。

ぼくは運転手と違い、「客への価値提供」が仕事ではない。ぼくの仕事は、先に書いた通りの作業である。その作業に危険を感じれば、たとえその家具が傷つこうが、破損しようが、躊躇なく自分の身の安全を図る。

「落して申し訳なかった」と、礼儀として具井さんに謝ったものの、心中では「ソファに目立つ傷がついたことは、ぼくの知ったことではない」と思った。具井さんは、その対応のために本社に電話して指示を仰いでいた。

タイミーワーカーは、言われた通りの作業をしているだけでも、通常は責任が伴う。そのことは重々承知している。先のケースだと、ソファをへたに持ってしまい、途中で落したことは、原則ぼくの落ち度である。けれど身の危険を感じたときは、直ちにその作業から距離を置くという判断は正当なのである。

4　就業前に〝腹調整〟をする：うんちとおしっこの始末

仕事前の体調管理は大切である。

ある魚屋さんに応募した。業務開始が早朝6時で、路線バスも走っておらず、自宅から歩いて行く。

ぼくは超朝型人間で、毎日深夜2時か3時に起きる。目覚めてすぐに深煎り珈琲を淹れる。すると腸が動き出す。この感覚がたまらなくよい。珈琲には利尿作用があるから、しばらくするとトイレに行きたくなる。自宅だからすぐに用を足せる。

さて、その魚屋さんに6時前に着くには、自宅からの距離を考えると5時少し前に出発しないといけない。もちろんトイレは済ませてある。

ところが1時間も歩くと、内臓がより活発になるし、膀胱も張ってくる。すると便意を催してくる。勤務先に着くころには、どうしてもトイレが近くなる。

初めての勤務先は、場所も不慣れで、周囲がどのような状況だかわからないことが多い。あらかじめ住所をグーグルマップで調べて行くけれど、実際に現地辺りに着くと、想像していたのと異なることが頻繁にある。

そういうときに便意を催すと、ぼくはとても焦ってしまう。最悪の場合、勤務先のトイレを借りることになろうが、初出勤で「タイミーから働きに来ました。すいませんが、先にトイレ貸して下さい」では、へんなやつだと思われてしまう。

ぼくの知恵は二つある。一つは、まったく基本的なことだが、時間に余裕を持つことだ。すでに書いた通り、ぼくは勤務先に15分前にチェックインすることにしている。そこに着くのはさらに15分前の、始業30分前としている。この行動を徹底している。時間に余裕があれば、自分の身体に起きる不測の事態に備えられる。

もう一つは、勤務先の最寄りにコンビニエンスストアを見つけること。何度も通う勤務先なら、そのコンビニエンスストアが行きつけとなる。ぼくは〝腹調整拠点〟と言っている。

そのとき、便意を催していてもいなくても、ぼくは必ずその腹調整拠点でトイレをする。不思議なもので便座に座れば（具体的には、ウオッシュレットを肛門にあてると）、大便であろうが小便であろうが、なぜか出るのである。ぼくは就業前の〝腹調整〟を習慣づけた。

うんちとおしっこの始末。出すものは出してから現場に赴き仕事を始める。いつしかそれがぼくの流儀となった。

少し余談を記そう。経験のない人にはアホな話に聞こえようが、ぼくには切実な問題なのである。

ぼくにとって腹調整拠点たるコンビニエンスストアは、その立地によって腹調整のし易さが異なる。

そのコンビニエンスストアの周囲にガテン系の会社（建設業、土木業、製造業、運輸業、整備業、配送業などの会社）が多いところだと、朝はトイレの取り合いとなる。主に男性はみな同じニーズを持っていると実感する。一瞬の差で先に入られてしまい、扉に赤マークがつく。そうなったら、舌打ちしても順番を待つしかない。待ち時間が長いと段々苛立ってくる。

中には女性用に入る人もいる（コンビニエンスストアには、男性が女性用トイレに入った場合、警察に通報すると警告するところもある）が、ぼくはそこまではしない。

こういうことにも対応の知恵を備えねばならない。できるだけ住宅街にあるコンビニエンスストアを見つけるようにしている。近隣住民は自宅でうんちとおしっこをしているから。

5　地元の信用を第一とすべし：雇用主を適当にあしらいつつ

歩いて行ける繁華街での仕事があった。求人を見ると、ある飲食店に家具などを搬入する業務とのこと。その飲食店を以前から知っていたので、興味が湧き応募してみた。

店をリニューアルするのに、営業を休んで店内家具などを総入れ替えするようだった。その店は大阪にもあるらしく、大阪の店の家具などを金沢に持って来て、金沢の店の家具などを東京の店に搬送するらしい。

この場合、タイミーに求人を出したのはその飲食店ではない。その店に家具などの搬入及び搬出を委託された運送業者である。

ぼくが雇われたのは、やはり大阪の運送会社だった。だから仕事の当日、雇用主の担当者がトラックに荷を積んで現場にやってくる。タイミーからぼくを含めて3人のワーカーが集められた。ぼくらワーカーは地元人である。

このような場合、雇用主は県外の人、ワーカーは地元人、そして雇用主の顧客がその飲食店となる。飲食店は当然地元の会社であるので、雇用主だけが〝よそ者〟である。

ぼくらは雇用主から給料をもらうわけだから、雇用主の意向に応える必要がある。ところが雇用主は、今日たまたま現地に来ているだけ。土地勘もなければ、その飲食店がどのような評判の店かも知らない。端的に言うと、金沢の事情に疎いのである。

すると現場ではどのようなことが起こるか。例を挙げよう。

トラックが現場に近接しても、現場への入り方がわからない。トラックを停めるところがわからない。案の定、トラックはうろうろしていて、予定された作業開始時刻が遅れてしまった、等である。

金沢の飲食店は、全国展開のチェーン店でもない限り、店舗がオシャレなところが多い。照明器具ひとつとっても、その設置の角度、電線コードの垂れ具合や見え方にまで気を配る。

その大阪の運送会社は、そのような店事情や評判に無頓着だった。ゆえに作業中、何度も店側からダメ出しされていた。その不満は店側のデザイナーから直截に伝えられる。

「あともう少しランプのコードを下に垂らして欲しい」

雇用主の担当者はイライラしている。すると彼らは、その当惑の矛先をぼくらタイミーワーカーにぶつける。愚痴の連続であった。「タイミーさん、言われた通り、あっちのランプやって」だとか「くそめんどくせぇなぁ」とか呟いて。

店側が、ある照明器具の電線コードの垂れ具合が気に入らなかったらしく、天上の取り付けをやり直さなくてはならなくなった。そのために必要な器具を運送業者は用意していなかったらしく、店のデザイナーに、どこかで買って来て欲しいと頼まれたようだ。ところがその運送会社は地元の事情をまったく知らないので、どこで設置器具を買ったらよいかなど情報を持ち合わせていない。こうしている間にどんどん作業が遅れていた。

仕方なくぼくは、近くのヤマダ電機の場所を教えてあげた。

彼らにとってこの現場はアウェーなのだ。要するに地の利を活かすことができないのである。

また心理面では、少々ミスや仕事に至らぬところがあっても、当日限りの現場であるわけだから、さっさと作業を終えて帰りたいのである。

この運送業者が地元の会社であったら、こういう事態にはならないはずだ。土地勘があり地元の飲食店舗の事情にも通じていたら、もっときめ細かなサービスが提供できるはずだし、そうすることで地元の信用を勝ち取れたと思う。

問題は、ぼくらタイミーワーカーはどうすればよいかということである。

ぼくが備えた知恵は、こういった場合、その店舗の意向や要望に寄り添う態度をとったほうがよいということ。つまり雇用主の顔色を見ているだけだと、最も信用の基盤である地元を敵に回してしまいかねない。

だからといって雇用主に逆らう必要はない。彼らの苛立ちは適当にあしらいつつやり過ごしたらよい。

地元の信用を第一とすべし、である。

6　求人を採点する：点数をつけてやる

客室清掃業務は時季ごとに繁閑はあるが、一年を通して安定して発生する。コロナ禍を経てインバウンドは急増し、日本人観光客も増えている。ホテル系の求人は旺盛である。

業界の人は、客が泊まった部屋を次の客のために清掃することを「客室を商品にする」と言う。これは人にしかできない仕事である。あの「変なホテル」でさえ、受付業務などは恐竜ロボットが行うが、客室清掃業務は生身の人間が行っている。ぼくはタイミーで「変なホテル」の客室清掃業務を実際にやってきた。たしかに作業者は人間であった！

客室清掃業務はＤＸ（デジタルトランスフォーメーション）化できない。ベッドが自動でメイキングされるなんてものは見たことがないし、存在しないだろう。だから客室清掃業務がなくなることはない。宿泊客数に比例して発生するのであるから、今や大量の仕事がある。

金沢は観光都市である。市内の１万４０００室が１００％稼働したら、ホテル業界はもうどうしようもない人手不足となる。

人手不足なのであるから、労働者には売り手市場だ。売り手市場なのだから、求人案件は売り手の労働者によって評価され、好条件の求人に応募が集中する。選ばれなかった求人には誰も応募しないから、アルバイトでさえも集まらない状況となる。

では、タイミーワーカーにとって、どのような求人が良い客室清掃業務だろうか。還暦タイミーさんのぼくの知恵を披露しよう。

ただしこれには前提がある。それは、アルバイトには、原則、給料が高くて楽な仕事がよい、というものだ。給料の多寡は時給額を見ればよい。しかしその仕事が楽かどうかは、もう少し具体的な評価項目を設けねばならない。

仕事を、精神的に楽なのと肉体的に楽なのとに分けた場合、ぼくの結論は、その仕事の良さは、時給額：50％、精神的な楽さ：25％、肉体的な楽さ：25％で評価すればよいというもの。

まず時給である。Ａ：１２００円以上、Ｂ：１２００円未満～１０００円超、Ｃ：１０００円以下（以下であるから１０００円を含むことがポイント）。各々に点数を付与する。Ａ：10点、Ｂ：８点、Ｃ：５点。

次に精神的な楽さについて。ぼくが考えた指標は、その客室清掃業務のチーフの作業者への接し方である。Ａ：まったく放任、Ｂ：一定の管理をしている、Ｃ：いちいち難くせをつける。これにも各々に点数を付与する。Ａ：10点、Ｂ：５点、Ｃ：０点。

最後に肉体的な楽さについて。この指標設定は難しい。ぼくのアイデアは、部屋が広くて備品などが少ないところがよいというもの。部屋が広いと作業しやすいからだ。特にベッドメイキングはそうだ。また備品などが少ないと、それだけ清掃する部分の数が減る。ありていに言えば、さっさとやって一丁上がりというのが、肉体的には最も楽なのである。Ａ：その程度が高い、Ｂ：その程度がふつう、Ｃ：その程度が低い。これにも各々に点数を付与する。Ａ：10点、Ｂ：８点、Ｃ：５点。

ぼくが通ったＦホテルは、時給Ａ10点×50％＋精神的な楽さＡ10点×25％＋肉体的な楽さＡ

10点×25％で合計10点満点と、最高に良い案件だった。

第2章8節で紹介したU庵を見てみよう。時給C5点×50％＋精神的な楽さC0点×25％＋肉体的な楽さB8点×25％で合計4・5点と、最低の案件だった。だからぼくはU庵には二度と行かないと結論を下したのである。

ひとつ注意することがある。それは、時給はあらかじめ確認できるが、精神的な楽さと肉体的な楽さは、実際にそのホテルで働いてみないとわからないということだ。なのでぼくは新しい客室清掃業務の求人が出る度に、偵察を兼ねて応募する。経験値が増すほど求人判断の精度も上がる。

「求人を採点する」のは何もホテル系に限らない。本書には綴っていないが、他の職種にも応用している。

タイミーさんに必要なのは割り切りの精神である。雇用主の事情を酌む必要などない。どのような仕事も、ワーカー目線で評価すればよい。点数化することで、好ましい仕事と避けたい仕事を見分けられる。

7　レビューのマナーを守る：マナー違反者は退場せよ！

タイミーワーカーはある仕事に就いたら、業務終了後にレビューを投稿できる。働き手として就いた仕事を評価するわけだ。

「働いた時間は求人内容どおりでしたか?」

「掲載されていた仕事内容通りでしたか?」

「またここで働きたいですか?」

これら3項目に、GOODかBADかのいずれかで答える。併せて、文章でコメントもできるようになっている（今は、◯か×かに変わっている）。

タイミーワーカーのレビューを反映して、求人会社のGOOD率が表示される。GOOD率は最高が100％である。タイミーワーカーが少しでもBAD（×）とレビューすると、その求人会社のGOOD率は100％を割る。目安は90％ではないだろうか。90％を割っている会社は、相当タイミーワーカーに不評であると思えばよい。

さて、レビューは反対に雇用主からも行われる。勤務したタイミーワーカーを評価するのである。

ぼくはタイミーで働いて半年ほど経ったとき、この双方のレビューの手続きに、ある重大な相違があるのに気づいた。

ワーカーは、3項目をレビューし、コメントを書き込まないとその勤務の報酬が確定しない。つまり給料と引き換えにレビューすることを強要されているのである。

他方、雇用主のレビューはすべてが任意である。つまり、タイミーワーカーを評価してもしなくてもどちらでもよい。しかもそのレビューは、いつ行っても構わない。

このことは何を意味するか。

タイミーは認めないだろうが、ぼくは直観している。それは、「うちのGOOD率を下げるなよ」と求人側がワーカーをけん制するのに使われているということである。

どういうことか。

タイミーワーカーがBAD（×）と評価する。おまけにコメントに悪口を書き込むとする。当然求人側は良い気がしない。自社のGOOD率が下がるからだ。求人会社を非難するようなコメントが書き込まれているとすればなおさら、「このタイミーワーカーは何様のつもりだ」ともなろう。

雇用主はレビューをいつ行ってもよいから、当社のGOOD率を下げたあのタイミーワーカーを悪く評価してやろうとなる。雇用主にそういう報復心理が働く可能性は否定できない。

＊株式会社タイミーに本原稿を読んでもらった。雇用主はワーカーをレビューしないと、ワーカーのレビューを読めないとの指摘をうけた。

しかしぼくは自分の直観は正しいと考えている。たとえワーカーのレビューを読めなくても、ワーカーが悪くレビューしたことは察知できるからである。

ぼくが導いた知恵は、そのような恨みを買わないように、仕事の評価はすべてGOOD（◯）と回答するというものである。仮にもう二度と行くまいとブチ切れていても、レビューはすべてGOOD（◯）と答える。ぼくはそれがマナーであると思っている。そしてぼくのレビューのコメントは、これまで就いた案件すべて「ありがとうございます」の一文で通している。悪口や非難などの書き込みはもってのほかである。

ぼくはワーカーとしてそういう対応を一貫させているが、問題は、このマナーを守らない求人会社があることだ。

ぼくのGOOD率は最低で90％まで下がったことがある。一社につき、3、4ポイント下がるから、100％↓97％↓94％↓90％と、立て続けに3案件で下がった。

しかも3件とも、そのレビューが届いたのはずいぶんと前に就いた仕事のものだった。具体的にいうと、半年前のものが1件、3、4ヵ月前のものが2件だった。その就いた仕事を忘れた頃にＢＡＤ評価が届いたことになる。

直近ではＧＯＯＤ率１００％維持していたため、相当ショックで落胆した。タイミーで掲載されている求人には、厳しいものだと、ＧＯＯＤ率１００％を条件づけるものまである。自分のＧＯＯＤ率が下がるのは、ワーカーとして死活問題なのである。

しかし、ぼくにＢＡＤ評価を送ってきたのは、ぼくがその会社の仕事をＢＡＤ（×）と評価したことに対する仕返しではない。だってぼくはすべての案件にＧＯＯＤ評価と「ありがとうございます」とコメントしているのだから。

大切なことは、遅れて届けられるぼくへの悪い評価は、当日のぼくの仕事ぶり自体を評価したものではないということだ。ほんとうに仕事ぶり自体を評価しているのなら、その後すぐにレビューが届くはずだから。なお過去にすぐに届いたＢＡＤ評価もあるにはあった（このケースは次節で述べる）。

では、何をもって、それらの求人会社はぼくをＢＡＤ評価したのか。

これを言語化するのはたいへん難しい。しかしぼくには直観がある。特定のパターンに嵌まると、後日遅れて悪い評価が届く場合が多い。その一つのパターンを紹介する。

「一度勤務してから、しばらく応募しなかった場合」

ぼくの推察でしかないが、このパターンでは、雇用主が、ぼくが再応募するまでの間に雇った他のタイミーワーカーとぼくとを相対比較するからではないかと観ている。

「ここ3ヵ月で、タイミーから新規で合計5名が働きに来てくれた。比べてみると須来間さんは、うちにはあわないな」ぐらいの解釈だろう。このような評価が、かなり後に届くのである。

話をまとめよう。

仕事の評価はすべてGOOD（◯）と回答する。コメントはいつも「ありがとうございます」と書き込む。それがマナーであると思っている。そうしている限り、原則、ぼくのGOOD率は100％で維持されると考えている。

ただし特定のパターンに陥ると、雇用主のぼくへの評価を悪くする。勤務後すぐにレビューの届かない求人企業は要注意である。ぼくの当日の仕事ぶり以外のことで、ぼくへの心象が悪くなっている可能性がある。

8　双方の本音レビューは水面下で決まる：すべて非公開です

ぼくは仕事が一つ終わるたびに、本音レビューをつける。このレビューは公開しない。自分の記録に留めるのみだ。「A：ぜひ次も行く」「B：条件次第で次も行くかもしれない」「C：

二度と行かない」の三択である。

できるだけA評価で決着をつけたほうが、将来の求人選択肢が広がるのはいうまでもない。しかしC評価で決着をつけることも大切である。いわば〝損切り〟である。将来のリスクをここで断っておくのだ。

最も好ましくない態度は、就業する度に評価をしないこと。それは限りなく「B：条件次第で次も行くかもしれない」としているのに等しい。

さて、雇用主の本音はどうなのだろうか。ぼくはワーカーでしかないから、雇用主にインタビューしたこともないため、ワーカーをどう見ているのか、ほんとうのところはわからない。

一つの体験例から導いた、ぼくの知恵を述べたい。

子ども向けプログラミングワークショップの運営会社に雇われた。30名ほどの小学生に教えるのは、ＩＮ社の個土茂さん（女性）であった。タイミーからぼくを含めて3名が集められ、2名も女性であった。男性はぼくだけ。

個土茂さんは千葉県の大学生と言っていた。アルバイトだそうだが、一応ＩＮ社の社員ということになっている。他の2名の女性は中年の方だった。ぼくらタイミーさんから見ると、個土茂さんは年齢的には娘のように映った。

「タイミーさんは、子どもたちからタブレットに現れるプログラミング内容について質問されても、答えなくていいです。ただ、難しいねと言ってはぐらかしておいて下さい。私が対応しますから」

と最初に個土茂さんはぼくらに言ってくれた。

どうやら僕らの仕事は、受付対応や、親とは別の会場に子どもたちを連れて行ったりすること、会場では一人一台のタブレットを用意すること、のようだ。ワークショップ中は、子どもたちの様子を見守るだけでよい。

ところがワークショップが始まると、それどころではないことがわかってきた。

子どもたちは好奇心旺盛で、講師の個土茂さんの言うことを聞かずに、タブレットを勝手に操作してしまう。そして、「画面がへんになっちゃった。どうしたらいいの？」と、傍で見守っているぼくらタイミーさんに聞いてくる。個土茂さんはレクチャーで忙しいから個別対応はできそうにない。

ぼくらタイミーさんは、この学習プログラムの説明を何も受けていない。「プログラミング内容について質問されても、答えなくていいです」と言われているのである。

他の2名のタイミーさんも、子どもたちから同じように聞かれている。中には、操作ができなくなって泣き出す子もいた。

子どもたちの困り顔を見て、何も問題解決してあげないわけにはいかない状況だった。ぼくはたまりかねて個土茂さんに、本当にこれでいいのか、仕事内容を質した。できるだけ多くの具体的な操作方法を個土茂さんに教わり、子どもたちに伝えてあげたかったのだ。

こういうケースでは、若い雇用主にとっては、「今日のタイミーさんはやけに高圧的だ」と映るだろう。

おまけに、他の2名の女性タイミーさんもプログラミングには不慣れなようで、子どもたちの質問対応に右往左往している。それを見かねて、ぼくは彼女らの対応を助けてあげた。具体的には、子どもたちからの質問を受けた彼女らの対応を代わってあげたのである。

ぼくは「助けてあげた」つもりだった。しかし彼女らにぼくの態度は、「あなたはそんなこともわからないのか。あらかじめ雇用主から説明がなくても、臨機応変に行動しろよ」と言われているように映ったのだと思う。

結論から言うと、その日のタイミーワーカーの評価をする人の心象を悪くしてはいけない。併せて、同じ場所にいるタイミーワーカーと違う、目立つ言動をとってはいけない。他のタイミーワーカーのぼくへの心象も悪くしてはいけない。そういう状況となれば、個土茂さんから見れば、「須来間さんは協調性がない」と他ワーカーと比較評価されてしまう。

求人に掲載された通りの仕事をきちんとこなしても、上述のような評価者の心象から、結果としてＢＡＤ評価をつけられる。こういう結果は、ぼくにとって働き損でしかない。

実際、ＩＮ社からその日中にレビューが届いた。コメントは無言であった。そしてぼくのＧＯＯＤ率は、長らくキープしていた１００％を割り97％に落ちた。

「くそ、あの小娘め（個土茂さんのこと）。わざわざ働きに来てくれた還暦タイミーさんの気も知らずに」という抑えきれない感情が湧いた。

しかしその感情は一時のもの。そこから得る教訓が大切である。ぼくは大いに反省した。

直截に言えば、「職場がいくらテンパっていても、雇用主および他のワーカーへの人あたりは柔らかくし、たとえ良かれと思っても、緊急事態を除き、指示されたこと以外は応対しない」ということである。

こちらは気配りをしたつもりでも、この関係性においては、相手はマイナスの印象を抱くこともあるのだ。

9　宴会スタッフは避けよう：元内閣総理大臣の担当!?

金沢には駅前と繁華街に、格式が高いとされる名の通ったホテルが3軒ある。いずれも老舗ホテルである。

昨今金沢市では、このような老舗ホテルがタイミーを使い始めている。しかも求人はバックヤード業務ではない。ホテルの花形と言ってよい宴会スタッフなのだ。

宴会スタッフとは、文字通り、宴会（バンケット）、つまりパーティー会場でサービスをする仕事である。

ぼくは、この3ホテルのいずれでも、宴会スタッフとして働いた。合算して6回勤務した。先に結論を述べると、「宴会スタッフは避けよう」となった。あくまでぼくの感じ方である。以下に理由を述べる。

老舗ホテルでパーティーを催すというのは、基本的には、規模が大きく、かつ公式性（ありていに言えば、よそ行きの雰囲気）の高い宴である。もちろん、こじんまりした、家族や仲間内の宴会もあろうが、そういう場合はホテルの従業員が対応するので、わざわざアルバイトを雇う必要はない。

タイミーワーカーが必要とされるのは、大宴会場である。なにしろ客数が半端ない。客数は、少なくても100名、多いと300名を超えるものまである。円型のテーブルがいくつも設営されている。一卓に客が7、8名着座するから、大ホール内に30卓以上はあるだろう。

宴会スタッフの仕事は、各卓の各客のテーブル上に料理を運ぶことだ。

「須来間さんは、「鶴」卓に就いて下さい」

事前説明の際、宗像さんがそう言った。

鶴、亀、寿、翁、桂、雅、松、桃、禄……各卓には、漢字一文字で名前がついていた。その卓ごとにスタッフが2名つくのであるから、総スタッフ数は5、60名となる。

多くのゲストが参加する宴会をスムースに行うためには、現場全体を見ながら各セクションをコントロールする司令塔の存在が不可欠となる。ホテルの宴会サービス部門では、この司令塔の役割を担う責任者のことを「キャプテン」と呼んでいる。

「須来間さん、「鶴」卓には主賓が座られますから、私の補佐をして下さい」

キャプテンの宗像さんにそう言われて、とても緊張した。その主賓が元内閣総理大臣と知り、ぼくはぶるぶる震えた。だって、ほとんど宴会スタッフの経験のないぼくを、いくら補佐とはいえ、主賓卓の担当にするのである。しかもこの日初対面のキャプテンの宗像さんとペアを組まされたのである。「よほど人手不足なのですね」と皮肉でも言ってやりたかった。

しかし全体を見渡せば、ぼくがその役割を担わされた事情も見えてきた。

臨時に宴会スタッフとして雇われているパートやアルバイトは、ほとんどは若者である（女性比率が7割ぐらいだろうか）。一方、ホテル従業員は中年が多い（男女比率は半々ぐらいと思う）。

正装して料理を運ぶので、還暦タイミーさんのぼくは、経験とは無関係にそのホテルのベテランスタッフに見えるのだそうだ。だから、最も気配りの必要な主賓卓に配置される。これが若者だと、会場の雰囲気的によろしくないのだそうだ。

ぼくとしては迷惑千万だ。いざ、宴会場に出れば、ぼくは多数の客の目に晒される。客は、高い金を払って豪華なご馳走を食べに来ているので、ホテルのサービスへの期待は相当高い。要するに、サービス提供者として、それなりの所作と立ち居振る舞いが要求されるということである。

しかしぼくはあらかじめ専門訓練を受けたり、相応の準備をしてはいない。何もかもが即興である。

極度の緊張で打ち震えた。しかしアルバイトの時給は安い。楽ちんな仕事を求めているぼくには、老舗ホテルの宴会スタッフは、まったく労多くして益少なしだ。

「須来間さん、そんな隅に立ってたらダメだよ。俺が客に捕まってしまうだろ」と宗像さんは言った。ぼくに、何もしなくてもよいから会場の中、できるだけ中央にいなさいと暗に指示している。

近くの客は、用があると傍のサービススタッフに声をかける。宗像さんはキャプテンなので、そういう客の個別の用を聞いているわけにはいかないのである。

「おれは、宗像さんの身代わりか」と思ったものだ。

客から何を言われるか、求められるか、わからない。そういう緊張の中で、しかもコース料理の一つひとつを運び、客が食べ終えた皿やシルバーなどをバックヤードまで下げなければならない。

宴会はやがて終わるけれど、一時も気が休まらないのである。

「ボーイさん、写真撮ってもらえるかな」とスマホを渡された。仕方がない。笑顔で応えて、元内閣総理大臣を真ん中に据え、ぼくはカメラのシャッターをきったのであった。

そのとき宗像さんは姿を消していた。

10 時季と仕事の関係を知る：楽と苦は時分で決まる

引越しアルバイトを例にとろう。「引越しアルバイトは、春先3月と夏場にはやるもんじゃない」となる。

理由はいたって簡単だ。春先は引越しシーズンで、夏場は猛暑だからである。つまり、超多忙や暑さで体力がとことん奪われ、かつ怪我などもしやすいから。

還暦タイミーさんは省力化指向であると先に述べた。時季さえ読み間違わなければ、軽妙に働ける。

ぼくの知見は、「例えば引越しアルバイトなら、中秋から初春（3月上旬まで）にかけてやるのがよい」というもの。

年間で、各会社の直雇用の非正規従業員が人手不足となる時季がある。読者が容易に想像される通り、それは、お盆と正月を核としたおおよそ1週間程度である。どこの職場でも、従業員はその時季休みたがるから。しかしホテル系や飲食系は、お盆や正月であっても営業しているから、当然人手不足となり、店がまわらなくなる。そこでタイミーに、ふだんより高い時給で求人を出す。

いつしか知恵を備えたぼくは、お盆と正月の1週間程度を、あらかじめ完全に空けておくようになった。その時季が近づいてくると、シフトを組んで人手不足の会社がこぞってタイミーで人集めを始める。最も条件のよいところに、まとまって（その7日間すべてに）応募する。

ぼくはこのパターンで、ホテルの客室清掃業務と飲食店の洗い場やホール担当によく就いた。ぼくに恩恵があるのは、すごく感謝されることだ。タイミーワーカーが来てくれなかったら、少ない人数で店を切り盛りしなくてはならず、てんてこ舞いとなっていたからである。

さて、時季の仕事需要でも別パターンがある。例えば、食品スーパーマーケットでの恵方巻の製造業務である。先に述べたのが「人手不足型」なら、こちらは「頭数必要型」と呼ぶとよかろう。この二つの型では事情が異なる。

恵方巻をひたすら作る。誰にでもできる仕事である。とにかく大切なのは、製造量である。ワーカーは元気な若者がよい（中には高校生を雇うところもある）。

毎年1月下旬から2月上旬にかけて、恵方巻製造業務が求人される。還暦タイミーさんのぼくは、たった一度だけこの仕事に就いて、「頭数必要型」では、現場でまったく感謝されないということにすぐに気づいた。なぜなら現場で、ぼくは頭数の一人でしかない。タイミーさんとさえも呼ばれはしない。さらにいえば、生身の人間とも思われていない。恵方巻製造機の一台ぐらいの認識しか持たれていないのである。

「時季と仕事の関係を知る」必要性をご理解いただけただろうか。楽と苦は時分で決まるのである。

11 時間に卑しい職場には就かない：1分でも使ってやろうとする態度

「1分でも使ってやろうとする態度」

中年女性のタイミーさんがよく使う表現である。ぼくは何度もこの台詞を耳にした。

雇用主の現場担当者が、業務終了時刻の数分前に追加の仕事を命じるとき、タイミーワーカーはとても当惑する。

「もう終わる時間じゃないか」

「帰る支度もしないといけないのに」

などの気持ちになるから。

そういうとき、この会社は「1分でも使ってやろうとする態度」であると、タイミーワーカーは愚痴る。一つの不満の表明である。

ぼくにも同じ体験がある。

「あと2分ありますよ」

あるレジャー施設で遊具メンテナンス業務をしていて、事務所まで少し距離があったので帰り支度のため現場から離れようとしたときのことだった。雇用主の現場担当者にそう言われてムッとした。

雇用主は労働者の時間を買っているわけだから、あらかじめ合意された就業時間で仕事を命じること自体に問題はない。問題は、その際の、会社のワーカーに対する態度である。

態度には品格が現れる。品格の高い会社は、ワーカーの労働時間に感謝と尊敬の念を持つ。

そしてワーカーに寄り添ってその時間を取り扱う。

「今日はタイミーさん来てもらって有り難かった。とても助かったし、仕事が予想外にはかどった。タイミーさんには、やることをやっていただいた。タイミーさんを労って、少しでも早く帰らせてあげよう」

これが品格の高い会社の態度である。

他方、「1分でも使ってやろうとする態度」を取る会社の品格は低い。そういう会社は、タイミーワーカー性悪説をとっているのではないだろうか。つまり少しでも監視の目を緩めると、タイミーワーカーは仕事で手を抜き、時間をずるしようとする。だから時間いっぱい働かせよう、という態度である。

ぼくは、いつも始業15分前にチェックインし、すぐに働きだすのだが、品格の低い会社は、その15分程度を黙殺するのである。「勝手に早く働いているな」ぐらいの感覚だろう。なのに終了時刻にはやたら卑しい。

「今日、須来間さんは、始業15分前から仕事されましたので、残りあと15分ありますが、これであがってください」と言ってくれた会社もあった。しかし一社だけだ。

品格の低い会社には、帰り際に感謝の言葉を言われたこともないし、ぼくへの労りなどはまったくない。

最悪なのは、仕事の終了時刻をワーカーに知らせない、あるいはアナウンスしてくれないところもある。終了時刻に近づくと自分で注意し、その時になれば自ら仕事を切り上げなければならなくなる。

とかく初心者タイミーさんは遠慮がちである。黙ってたら、誰からも声をかけられず、終了時間を過ぎてしまう。もちろんその時間がサービス残業になってしまうのはいうまでもない。

24時間営業のY軒の仕事に就いたとき、次のような笑い話があった。

22時が終了時刻で、着替え室のある事務所まで少し距離があったものだから、帰り支度をしようと数分前に現場を離れた。ぼくがその事務所の前まで来ると、なんと店長がぼくの前に立ちはだかった。つまり通せんぼしたのである。そして店長はおもむろにポケットからスマホを取り出し時間を見た。

店長はぼくに、「あと1分あります。戻って下さい」と言ったのである。

ぼくは一瞬唖然としたが、すぐさま店長への侮蔑の念が湧いた。踵を返したものの、3、4歩進んで再び引き返した。「は〜い、1分経ちました」と舌を出した。「こんな時間に卑しいところに二度と働きに来まい」という気持ちになった。そのとき店長はいなくなっていたから、その気持ちを伝えられなかったが。

「1分でも使ってやろうとする態度」を取る会社には就かないほうがよい。

第4章 還暦タイミーさん、哲学するの巻

還暦を迎えた者は、その人にもよるが、職業経験が豊富である。しかも、その経験を吟味し、その人なりの職業信条があると思われる。

最終章では、ぼくの仕事哲学を語ってみよう。すべてぼくの実感に基づいている。こういう価値観を持たない読者もいるかもしれないが、ご容赦いただきたい。

少しでもぼくのものの見方が、読者の参考になればと願う。

1　仕事を終えてすべて忘れる：もう記憶にございません

会社に正社員で働いていると、一日の仕事が終わっても、また翌日出勤しないといけない。組織人であるから、会社と従業員との関係は退職しない限り続く。

会社から帰宅したら、日中の出来事はすっかり忘れている。そういう人がいるだろうか。その日の出来事を忘れるなんて、かなり難しいと思う。それどころか、自宅に仕事を持ち帰る人もいれば、帰宅してもなお頭がざわついている人も多かろう。

毎日出勤するというのは、結局のところ、仕事の事柄が脳にこびりつくのである。週休2日であっても、そのべっとりついた記憶はとれやしない。

仕事には、充実感や楽しいこともあるかもしれない。また予期せぬ出来事で、社会の有難い不思議に出逢うかもしれない。しかしそういうポジティブな事柄の何倍ものネガティブにも遭っていることだろう。

組織人は文字通り、組織の住人であり、組織で揉まれる。組織は権力行使合戦場であるから、より力のある人からの悪影響を受けやすい。今では流行語となっているパワーハラスメントとなるのは、ほんの氷山の一角の事象にすぎないのである。

還暦タイミーさんの最初の哲学である。

「仕事を終えてすべて忘れる」

従業員の定義は、その会社組織の業務に就いている人ぐらいの意味である。一般に従業員は、正社員と非正規社員とに分かれる。非正規社員は、正社員以外の雇用形態で働く人のことを指し、契約社員や派遣社員、パートタイマー、アルバイトなどが該当する。

この定義では、タイミーワーカーはアルバイトである。しかしぼくは、タイミーワーカーは非正規社員かと言われると首を傾げる。労働者ではあるけれど、その会社組織の一員とまでは実感できないからである。

一般的な言葉の分類を脇に置き、〝ちょっと労働者〟といってみたらどうだろう。

〝ちょっと労働者〟としてのタイミーワーカーは、二つの意味で安楽である。一つは、その会社組織に関わる時間が、他の従業員と比しすごく短いということ。二つは、雇用関係の持続力が他の従業員と比しかなり弱いということである。

ありていにいえば、前者は、約束の仕事を終えさえすれば、他の従業員の誰よりも先にさっさと帰れる。後者は、その仕事が嫌になったら、二度と応募しなければよい。

仕事もそうであるけれど、組織の人間関係にも、世の多くの従業員は苦しめられたり、悩んだりしている。だけどタイミーワーカーは上述の理由から、そういう面倒な人間関係にも無縁である。

ぼくの最初の哲学は、このタイミーワーカーの特権を最大限に活かしてやろうというものである。

ぼくは早朝から昼までの仕事によく就いている。だから帰宅しても13時頃である。すぐに風呂に入り身体を温めて寝る。睡眠はだいたい3時間ほどである。

午前中だけの仕事といっても、帰宅したら、ぼくの脳は多少ざわついている。それが睡眠によってさっぱりなくなる。覚醒したら、もう今日の嫌な出来事は思い出さない。

ポイントは、明日は同じ職場に行かないということ。睡眠で嫌な出来事を忘れているといっても、特にネガティブ感情なら潜在意識に沈潜しており、明日も勤務となれば、記憶は当日顕在意識に浮上してくるから。

タイミーワーカーは、毎日異なる仕事に就ける。連続して同じ職場に通う方もいるかもしれないが、ぼくは日々勤務先を変える。それは転職気分を味わうためではなく、すでに就いた仕事の記憶を思い出さないための工夫である。

「もう記憶にございません」というと、「大切なことまで（例えば、その仕事の行い方や知識など）忘れると、後日その職場に行くと困るでしょう」と指摘する人が出てこよう。

大丈夫です。肝心なことは備忘録にメモってあり、それを見れば大方は思い出せますから。

2　説明と指示をよく確かめる：最初からそう言えよ

「指示待ち族」という言葉は一般的に悪い意味で使われる。

「須来間さんは、指示待ち族だ」と言われようものなら、それは、ぼくが上司や同僚からの指示がなければ動けない、主体性に欠ける労働者であることを意味するはずだ。

主体性に欠ける従業員はふつうダメ社員と見なされ、「あいつは使えない」とか、バツやペケのレッテルを貼られる。一度でも指示待ち族と見なされると、仕事を割り振られない。つまり仕事を干される。

まだ若者なら仕方のないやつだと叱咤激励し育てようとしてもらえるが、中高年になると、まったく相手にされなくなる。

会社で仕事が回って来ないということは、早く辞めろというサインである。言葉で直截に言われなくても、なんとなく雰囲気でそうなる。ひと昔前には「窓際族」といって、組織からメインプレーヤーとして評価されず、徐々に窓際に追いやられた社員が大勢いた。今日でもどこの会社にも、一定比率で窓際族がいることだろう。

ふつうの従業員は、自分が仕事ができると思われたい。だから先回りして、自分は気が利くし有能だとアピールする。こういう人たちが多い組織では、その部署は活気に満ちて仕事は前向きかつ順調に進むはず。だから自分は指示待ち族ではないと振る舞うのは、本人にも会社にもよいことである。

さて、ぼくはどこで働くにせよ指示待ち族で通すようにしている。何度も通っている職場は別だが、特にはじめての就業では、その現場で指示があるまで動かない。

はじめての職場に出向くと、その現場で、しばらく突っ立っている。意図的にそのようにしている。誰からも何も話しかけなければ、ずっとその場で何もしないでいる。万が一相当長い間そういう時間が過ぎていても、時間で働きに来ているのだから、対価たる給料を堂々と求める。

読者は、ぼくの言い分は矛盾していると思われるかもしれない。しかしそうではないのだ。

還暦タイミーさんの二つ目の哲学である。

「説明と指示をよく確かめる」

ふつう現場では、何かしらの説明と指示があるものだ。だけど、ぼくの体験では、大概はその説明と指示はへんてこなのである。

ここで、「全体と部分」「目的と手段」という二つの対概念の組み合わせを用意しよう。

ぼくは、往時はホワイトカラーであったから、仕事に就いたら「全体を観て目的を知る」ことを徹底していた。若い頃、そのように諸先輩方から厳しく指導されもした。

反対にいうと、「いきなり部分に目を向けるな。安易に目前の手段に手を出すな」ということである。

ところがタイミーでマッチングされた職場に行くと、そこの現場担当者は、いきなり部分と手段を話すのである。

例えば、「ここに種類別に積まれている段ボール箱からピックアップして、あっちのカゴ車に載せて下さい。このリストを見ながらやって」という説明と指示である。

ぼくは黙ってその説明と指示をまずは聞く。そして質問する。

「この倉庫で、何が行われているのでしょうか」

その担当者は苦い顔をしている。いま具体的な指示を出したのに、このタイミーワーカーはへんなことを聞いてくる、そういう表情である。しかしぼくにとっては想定内の反応である。

そしてぼくは落ち着いて静かに次のように言う。

「この倉庫には、各メーカーから納品された製品が種類別に積まれています。イオンモールの特売に使われる商品のようです。それらを、各イオンモールに必要分を運送できるように、各イオンモールの宛先のついたカゴ車に載せていくのですね。どこのイオンモールに、どの種類の製品を何箱載せるかは、このリストを見ればわかる。わたしたちはこれから、その理解と手順で作業をすればよい。そういうことでよろしいでしょうか」

すると担当者の応答は、どこの職場でも、「そうそう」と返ってくる。ぼくは苦笑いしてしまう。心のうちで、「最初からそういう説明と指示をしろよ」と毒舌を吐く。

わざと「指示待ち族」でいるのには理由がある。

常に現場は今日やることを早く終わらせるために、新参者のワーカーに、「いきなり部分に目を向けさせ、安易に目前の手段に手を出させる」のである。これにより、タイミーワーカーに全体観を持たせず、目的喪失に陥らせる。

現場担当者は、長い期間毎日その仕事をしているわけだから、今さら全体と目的などを言葉にして口にすることはないという感覚なのだ。

これは現場担当者の悪意や怠慢からではない。彼らの日々の認識パターンがそうさせるのである。

ところがタイミーワーカーにとっては、その職場ははじめてか、まだ出勤が少なくよく事情に通じていない。ぼくには、仕事の全体観を持たず、目的喪失で働くほど苦痛なことはない。だから「指示待ち族」となって、「説明と指示をよく確かめる」のである。

3　仕事に飽きたら卒業する：卒業証書はもらってないけど

今日マクロ的には、日本のアルバイトは売り手市場である。つまり企業の求人数が求職者数を上回っている。おまけにタイミーなどスキマバイト（スポットワーク）サイトは勃興期である。ワーカーやクルーといった労働者が増加するのは、サイトがどんどん求人を出してくるからだ。応募すれば難なくマッチングされる。

そして今後も、いくらでも案件は出てくる。ワーカーは、少しでも就業条件が良いところを選び放題となる。それが今日のアルバイト市場の全体傾向である。

還暦タイミーさんの三つ目の哲学である。

「仕事に飽きたら卒業する」

何度も通った勤務先はやがて飽きがくる。その仕事の実態が完全に見えるからである。人は不思議なもので、実態を的確に掌握すると魅力を感じなくなってしまうようだ。

ぼくはいつしか次のような認識を持った。それは、「二度と行かない職場」と「卒業した職場」とは違うということである。

「二度と行かない職場」は、すでに述べた通り、一度就いてブラック職場と判断したところである。一方、「卒業した職場」とは、そこはよい職場ではあるけれど、そろそろその仕事から離れないといけないと判断し、もう行かなくなったところである。

還暦タイミーさんの仕事選びは流動的であるべきだ。総合職みたいなもの。どこかの業界や分野において専門職であってはいけない。仕事が固定的になってしまうと、還暦タイミーさんとして潰しが利かなくなってしまうからである。

仕事に飽きるというのは、その仕事にもう刺激を感じないということ。そうなれば、その仕事をやり続けていても楽しくない。

何度も通った職場なら、ぼくはこのように、積極的に飽きることが大切なのだと思う。

「卒業証書はもらっていない」というと、「それは卒業ではなく、退学ですね」とツッコミを入れてくる人がいるかもしれない。

ぼくは、「その仕事が嫌になる」と「その仕事に飽きる」は異なると思う。学業の例えでいえば、「授業についていけなくなって落ちこぼれる」と、「カリキュラムを修了した」みたいな感じだろう。

「仕事に飽きたら卒業する」は、一生懸命にその仕事をやり尽くしたということであり、堂々と胸を張っていればよいと思う。

タイミーで、「以前働いたことがあるあなたに手伝って欲しい募集です！」というお仕事リクエストがよく届く。

しかし、「そちらは卒業しましたので行きません」という返信ができないのは困ったものだ。せめて困り顔の絵文字でお断りできるようにしてくれたらよいのに。

4　常に仕事の新規開拓をする：持ち駒増加とリスク軽減

ぼくは、その割合は少ないけれど、努めて新規案件を開拓するようにしている。

最近では、介護施設で掃除だけの仕事に就いた。その数日後には、大型タイヤの搬入・搬出の仕事をやった。ホテルの客室清掃業務でも、これまでに行っていないホテルには、時間の許す限り応募するようにしている。

そういう新規の仕事で印象に残っているところといえば、アスレチックジムRGである。うちの近所に店をオープンさせた。告知のビラ配りの仕事に就いた。K工大の校門前でやったのだが、体育会系の学生諸君のリアクションが面白くて、その仕事はとても楽しかった。

還暦タイミーさんの四つ目の哲学である。

「常に仕事の新規開拓をする」

タイミーで就業を重ねるにつれ、どのような仕事にワーカー需要が多いのかがよくわかるようになってきた。倉庫・運送業、飲食業、サービス業などで、世の中の趨勢は人手不足であるから、タイミーでの求人はとても多い。

そういう中で、変わり種の求人がけっこう出ている。例えば、石川県に初進出したディスカウントストアで、客に新規でカード会員になってもらうための案内である。プリペイドカードやネットの決済アプリの登録などで、ご本人の傍でその手続きを支援する仕事である。

そのような業務は、タイミーで常時掲載されているものではないため、はたしてぼくにとって都合のよい仕事なのかどうかは、実際に就業してみないとわからない。

「常に仕事の新規開拓をする」のは、その仕事の様子を見に行くということに等しい。思わぬ掘り出し物があったりする。

新規案件を体験すると、ぼくの経験則では1、2割が、「A：次も行く」となる。新規開拓を常態にしていると、この比率で、ぼくのA評価案件の持ち駒が増え続ける。

持ち駒が多いと、ありていにいえば、「ぼくの都合のよいときに、ぼくが働いてみたいと思うところに自由に行ける」ので、すごく安堵感を覚える。

読者は想像なさるがよい。「仕事がなくて不安で、やっと見つけた求人も、どういうところだかわからない」のに比べれば、まるで天国のようであろう。

他方、新規案件を評価すると、6、7割が、「C：二度と行かない」となる。このC評価案件を見つけるのも、ぼくが果敢に新規開拓する理由の一つである。

ぼくはスキマバイトのサイトをタイミー以外にも使っているため、すべてのアプリで新規案件を探している。

次はシェアフルの事例である。

ある大手回転寿司チェーンが石川県に初進出した。オープン1ヶ月後のある日（月曜日だった）、9～11時までの仕事に就いた。業務は「開店前の清掃など」であった。

前日の日曜日の営業で、店は汚れていた。床をほうきとモップがけし、テーブルの備え品の整理、ダスターでテーブルを拭いたりした。

一つの仕事をしている最中にも、

「お茶粉を足しといて」

「レーンのうえも拭いてくれる」

「椅子についた醤油の染みを拭きとってね」

「トイレ掃除もお願いよ」

次々と言いつけがある。しかも別々の人から。名前も知らない複数の人たちから、まるで雑用係のように扱われた。

しかもぼくの名前はおろか、シェアフルさんとも呼ばれない。呼ばれ方は、「そこのあなた」であった。どのスタッフも勤務時間がまちまちのようである。ぼくの終了時間近くになっても、店はちょうど開店する直前であるから、誰からも意識してもらえていない。

もうあと数分で終わるというときに、

「外の倒してある幟を立ててきて」と指示された。店内から見ると、10本程度の幟が倒されていた。しかも前日の雨でべとべとに濡れた状態である。

開店は11時であるから、その幟の状態を見た店の誰かがまずいと思って、すぐそばにいた「そこのあなたに」を使ってやろうとしたのだろう。

ぼくは大急ぎでその作業をこなした。その後、店に戻ると、その指示を出した女性にこう言われたのである。

「手を洗って、さっきやってた仕事に戻って下さい」

彼女はぼくの就業時間を知らないのだとわかったので、それを無視して事務所に直行した。

当然、ぼくの評価は「C：二度と行かない」となった。

新規案件の開拓は、このようなC評価案件を見出し、将来のリスクヘッジをするのにも役立つのである。

5 仕事のポートフォリオを組む：働きがいを感じられるように

すでに述べた通り、ぼくは新規で働いた仕事には、「A：ぜひ次も行く」「B：条件次第で次も行くかもしれない」「C：二度と行かない」の三択で本音レビューをつけている。

還暦タイミーさんの五つ目の哲学である。

「仕事のポートフォリオを組む」

これを繰り返していると、次の職場は、A、Bそして新規のいずれかとなる。ぼくはその比率を、50：40：10としている。つまり、初回に「A：ぜひ次も行く」と評価したところに月の半分を入り、それを繰り返すということである。

一方、月に2、3件は、積極的に新規に応募する。目的は、A評価案件を開拓し、その持ち駒を増やすことである。

1ヶ月毎日働くとしよう。半分の15日はA評価案件に入る。このリピート職場が増えるということは、好条件の求人を選び放題となるということ。しかも勝手を知っている職場であるからまったく不安がない。安心して働けるし、仕事に集中できる。

残り半分の3日ほどは新規の冒険に出る。ぼくの経験則では、新規案件に行くと、「C：二度と行かない」と評価となるところが6、7割でる。逆にいうと、月1件程度はA評価案件を発掘できる。

さて、あとの2週間弱は、様子を見ながら「B：条件次第で次も行くかもしれない」を入れる。条件次第であるから、条件悪化と判断すれば、ぼくからマッチングをキャンセルする。例えば、荒天であったり、自宅から遠かったり、連日体力を消耗していて身体が辛かったり、理由はいろいろである。

当日キャンセルはよほどのことがない限りしないが、前日までキャンセルは躊躇なくする。それはワーカーの権利であるから。

この事前キャンセルは、想像以上に自分自身を守ってくれる。

次の具体例があった。S工業は土木作業事業者である。

ぼくは、S工業の求人に記載されている就業場所の住所を頭に入れていた。わりと自宅に近かったものだから、歩いて行けると安心していた。

案件がマッチングされてからかなり日数が経って、S工業からメッセージが届いていた。不覚にもぼくは、そのメッセージを見落としていたのである。

当日朝、そのメッセージを読むと「就業場所は○○（掲載されているのとは異なる別の住所）です」と書かれていた。その住所を調べてみると、山奥ではないか！　明らかにタイミーワーカーが車で来ることを前提としている。乗用車を持っていないぼくは、そこへ歩いて行くのは難しいと判断した。しかも連日の雨の日であった。

仕方なくキャンセルした。すると、タイミー上でペナルティポイントが8ポイント付き、一定期間の利用停止を食らってしまった。すぐにタイミーに事情を伝えて、そのペナルティポイントを消してもらったが。

よく考えてみれば、土木作業事業者には現場があるわけだ。求人には、ひとまず本社住所を掲載しておくしかなかったのだろう。このケースは初めてであった。

ぼくの不注意は確かにあった。しかし就業場所が、求人に掲載されている住所以外の場所でもあり得ることの注意喚起が予めなかったのも事実である（ふつうこういう場合は、就業場所はマッチングされてから知らされるもの）。

とにかくぼくには当日朝の時点で無理やりその現場に行くのには、少々大げさにいえば、命の危険を感じたのである。

毎月タイミーで働いて、精神的にも肉体的にも爽快かつ楽しいというのを理想としている。そのために、A50：B40：新規10のポートフォリオは絶妙の力を発揮する。スポットワーク市場はワーカーの売り手市場。この追い風を利用しない手はない。今やワーカーが就業条件を自分都合で整えられるのである。

6　肉体労働の効用を実感する：身体の生声を聴く

生涯ブルーカラー（肉体労働者）でいる方も多かろう。ぼくの父がそうだった。父は歯ブラシ工場で歯ブラシの製造業務に就いていた。いつも手が油で黒ずんでいたのを思い出す。

家は経済的に豊かではなかったが、ひとりっ子だったこともあり、両親に金を出してもらい大学にまで行かせてもらえた。卒業してからしばらく民間企業で働いたが、再び国立大学の大学院で修士号を取得した。その際、両親に授業料を支援してもらっている。父も母も、すでに他界した。

ぼくはそのように大学院卒であるから、ふつうブルーカラーにはならない。世間並みにホワイトカラー（知識労働者）となった。爾来、還暦を迎えるまで30年強、ホワイトカラーであり続けた。

タイミーワーカーが就く仕事は、原則、肉体労働である。求人には事務ワークもあるかもしれないが、ぼくはタイミーで事務職に就いたことはない。

肉体労働といっても、主として肉体のどこを、またはどのように使うかで、いくつかの類型に分けることができる。

圧倒的に多いのは「上半身型」であろう。主に両手と両腕を使い仕事する。レストランのバックヤード業務や倉庫系のピックアップ業務などが該当する。原則、重量物は持たないので、技能的には手先の器用さが必要とされる。

次に多いのが「全身型」であろう。両手両腕も使うが、その支えになっている強靭な脚腰が要求される。引越しアルバイトが好例であろう。

今でも思い出すのが、エレベーターのない集合住宅の高層階宅に、荷重30kgを超える荷物（例えば小型の冷蔵庫や洗濯機）をひとりで運ばされたこと。肉体疲労が半端ないのである。

そして、希少例がある。その仕事は草刈りの案件だった。草刈り機で草を刈るのである。草刈り機を使ったことのある人には容易にわかろうが、草刈り機には小さいエンジンが付いていて、それを身体にベルトで巻き付ける。

エンジンの動力振動が凄かった。途中、休憩もするが、この強烈な振動が絶えず身体に響いている。ぼくはこの身体ダメージと疲労を初経験した。便宜上、「振動型」と名づけておこう。

ホテルの客室清掃業務は、先の三つの類型のいずれにも入らない。名づけるなら「狭いスペースで体のあちこちを使う型」とでもいおうか。

強く特定の筋肉を使うのでもない。だけど4、5時間も休憩なしにやると、相当疲れる。今でも思い出すのが、部屋が狭いアパホテルで客室清掃業務に就いたこと。ベッドメイキング一つするのも一苦労で、それを12、3室やらされる（部屋にはツインやトリプルルームもあり、ベッド数となると、部屋数を超える）。もうへとへとになる。

ぼくは経験で、「上半身型」と「全身型」では、その日の夜の睡眠状態が異なるのに気づいた。ごく簡単に言えば、前者は「寝た気がする程度」であるが（ただし翌日上半身は筋肉痛になっているが）、後者は「ほんとぐっすり寝た感覚」である。

還暦タイミーさんの六つ目の哲学である。

「肉体労働の効用を実感する」

自分の身体は正直だ。ぼくは「身体の生声を聴く」と表現している。

肉体労働とは、畢竟、脳と身体との対話である。

還暦を迎えるまで30年強、ホワイトカラーであり続けたぼくにとって、肉体労働はすごく気づきの多い経験であった。「身体の生声」が聞こえるのである。

一番多くその生声を寄せたのは、手と、膝を含む脚の下部であった。

飲食の洗浄業務は、食器などをラックに入れ洗浄機で洗う。この作業を4、5時間やり続けるには、ラックを繰り返し掴んでは動かさないといけない。手の平の腹に圧が加わる。

「こんな筋肉（手の平の腹）が痛くなるなんて、人生で初めて」との声が聞こえた。

「全身型」の引越しアルバイトで脚腰に負荷がかかっていると、帰宅し眠っているとき、「あっ、ふくらはぎが暴れ出しました！」と非常事態宣言が発令される。こんな夜中に何事かと飛び起きると、要するに脚の筋肉がつったのである。一気に目が覚めてしまう。

こういう時は、身体と対話すること。

「日中、君らを酷使してしまったな。ケアもできず、すまなかった」と詫びる。

すると身体はこう言うのである。

「俺たちもさぁ、精一杯働いているんだ。いつも気にかけて労わってくれよな」

還暦を迎えた今、人生で初めて肉体労働をする日々を過ごすと、脳と身体とがよく話し合うという効用があるのを知った。

自分の身体を、あたかも別人のように見るのは、とても気づきが多い。

食事の例を紹介しよう。ぼくは、何か食べものを口にしたとき、「美味しい（または不味い）」と言うのはやめることにした。代わりに「身体が喜んでいる（または身体が嫌がっている）」と実感のもとで言うようにしている。

食材の組み合わせや風味、味が自分好みであれば、食べるとほんとうに「身体が喜んでいる」のである。また仕事でたいそう疲労した後、空腹であったら、何を食べても飲んでも、身体は食べたものや飲んだものをぐんぐん吸収する。「身体がめちゃくちゃ喜んでいる」と言ってみる。すると身体の偉大さを感じる。

睡眠の例も語ろう。ぼくは、睡眠を「活動」と考えている。辞書で「活動」を引くと、「働き動くこと。活気をもって、または積極的に働くこと」と書いてある。「寝ているのだから、働き動いていないじゃないか」と茶々を入れないで欲しい。肝心なのは身体の中である。各部位が「あなたが寝ている間に、ぼくらは自分たちの役割に応じた活動をしています」と話しかけてくる。これほど有難いことがあるだろうか。

ぼくはいま還暦タイミーさんで喜びを感じている。ぼくが脳だとすると、身体は別人のぼくである。そこに対話が生まれると、相手の喜怒哀楽がよく伝わる。協働することが肝要。互いに尊重しあい、感謝しあい、労わりあう。もしぼくがホワイトカラーであり続けていたら、この有難みを悟ることはなかったと思う。

7 若者タイミーさんによいことを伝える：聴く耳を持つ人には……

ある職場でタイミーワーカーが大勢集められることがある。

ぼくの経験だと、多い時には10名程度だったこともあった。複数のタイミーワーカーは、2～4名という場合が多い。

ぼくから見れば、他のタイミーワーカーはその大半が若者タイミーさんである。ぼくと同じ還暦タイミーさんもいるにはいるが、少ない。

すでに若者タイミーさんの分類をしてある（第1章11節）。ここでは傾聴力に注目する。

傾聴力が高くかつよく話す人を、〝大人のタイミーさん〟と呼ぶ。一方、「傾聴力が高そう」

だが無口な人を、〝子供のタイミーさん〟と呼ぶ。

「傾聴力が高そう」と書いたのには理由がある。ぼくが話しかけると相槌を打ってくれる。愛想はよい。でも、だからといって、ぼくの話を聴いてくれているのかはわからないという場合があるから。

ぼくの経験では、他者から含蓄のある話をされると、人は一瞬黙るのである。そのとき脳で、その意味を受けとめようとする。この〝ひと時の沈黙〟のある人は、確かに傾聴している（ただしその話を理解しているかどうかは別であるが）。

大人のタイミーさんと出逢えると幸せだ。仕事の休憩時間でも、業務終了後でも、その日初めて会ったのに、まるで友人のように語りあえる。

新裕くんとはU運輸で知り合った。タイミーワーカーは総勢10名程度で、その約7割が無口な人だった。だからよく話す人は2、3名となる。そのうち、新裕くんだけが大人のタイミーさんだった（他は子供のタイミーさんであった）。

ぼくは若者タイミーさんと向き合うとき、その人は聴く耳を持っているかを観ている。

還暦タイミーさんの七つ目の哲学である。

「若者タイミーさんによいことを伝える」

言葉としては、「聴く耳を持たない」＝「相手の助言や意見を聞くつもりがない」で用いるのが正しいが、ここではただ「他者の助言や意見を聴けるか」を観ている。

ぼくはこのように大人のタイミーさんを見かけると、努めて話しかけるようにしている。

大人のタイミーさんには、ぼくの思いつく限りの知恵を伝えるようにしている。そのとき、ぼくに思わぬ恩恵がある。それは、大人のタイミーさんは、知恵を伝えられると感謝を表してくれる。

「須来間さんからよい話を聞いた」

新裕くんはお礼にと、U運輸への通勤で車に乗せてくれたのである。それも何度もだ。

ぼく自身にもおこぼれがある。それは、ぼくの知恵を聞いて有難がってくれる人がいると、知恵にますます磨きがかかるということ。ぼくはもとホワイトカラーであったので、言語化力に秀でている。知恵を言葉にするのが得意なのだ。

一つ実例を話そう。

「自分に向かってくる他者の意識には（それがネガティブなものでもポジティブなものでも）、必ず応対しなさい」というぼくの経験的知見である。

職場で他者と協働しないといけないとき、「コミュニケーションがとれていない（だから仕事がうまくいかない）」ということが多い。この表現だと抽象的で、この事象の根っこが見えない。ぼくは、それは「自分に向かってくる他者の意識に気づかない」からだと思う。

あなたに何かを伝えようとする他者がいる。その他者はあなたに意識を向けている。話しかけるだけではなく、あなたに視線をおくる、何かゼスチュアをするなど、様々な態様で表される。

若者タイミーさんは総じてこのことに鈍感である。ところが大人のタイミーさんの中に敏感な人がいる。ぼくがその人に意識を向けて、何か一つのメッセージを発せば、たちどころに応答してくれる。職場で協働するとはこのようでなければならない。

U運輸で新裕くんと一緒のときだった。資材を積んだ大型トラックが現場に到着したシーンで、そこに集められたぼくらタイミーワーカーは、さっそくトラックから資材を降ろそうとした。新裕くんが勇んで前に出ようとしてたから、ぼくは新裕くんの肩にそっと手を置いた。新裕くんは、このぼくの動作一つで、「不用意に手を出すと怪我をするぞ」というぼくのメッセージを悟ったのである。

若者タイミーさんによいことを伝えるのは、還暦タイミーさんにしかできないこと。ぼくの役目だと思っている。

8　感謝が最大の報酬である：皆さまのお役に立てますよう

本書を執筆していることを、タイミーで就業したぶどうの森（金沢エムザ店）で、唯一話した女性がいた。西村さんである。彼女はニッシーと呼ばれていた。

ある日、西村さんに話した。

「タイミーワーカーの実態を書いた本は、ぼくの知る限り、まだないんだ。原稿を完成させて、出版社に持ち込んでみようと思う。ダメ出しを食らうかもしれない。だけど、これはおもしろいって採用してもらえるかもしれない。原稿さえできてたら、可否の判断はすぐ下してもらえると思うんだ」

西村さんは、もうすぐ本屋に新刊として並ぶのだと勘違いしたのか、

「わたし、すぐ買って読みます！」と楽しそうに笑ってくれた。

この時点で、ただ原稿を書いているというだけで、どこの出版社に連絡さえもとっていない。本になるかまったく分からないのである。

ぼくは現状を正確に伝え直そうかと思ったが、やめた。西村さんの屈託のない笑顔を見ていたら、ほんとうに本書は書店に置かれるのだと思えてきたからだ。

西村さんはぼくに訊いた。

「うちでは、いつも話しかけてくる女性がいるって書くんですか」

「〝いつも話しかけてくる女性〟ではネタにならないかもね」とやんわり応えておいた。

実は内心、西村さんをどのような趣旨の話で登場させようか、思案していたのである。

ぼくはニッシーを好いていた。それには理由がある。

「今日は須来間さんでほんとよかった」

「何度も来ていただいて、いつもとても助かっています」

これまでにニッシーから多くの感謝の言葉をもらっている。

西村さんは、ぶどうの森の店長でもなければ社員でもない。派遣で来ていて厨房で料理をつくっているスタッフである。

ぼくはぶどうの森に50回以上就業したと思う。今後も通い続けるだろう。ただし一つだけ条件がある。

ぶどうの森は、店長の西見さんをはじめ、他のスタッフの皆さん（ほのぼのキャラの西島さん、働き者の西早川さんなど）もみんな親切である。しかしニッシーが飛び抜けて感謝を表してくれる。その条件とは、「ニッシーがいる限り、今後も通い続ける」というものである。

還暦タイミーさんの八つ目の哲学である。

「感謝が最大の報酬である」

「高が知れる」という表現がある。「せいぜい頑張ったところでいきつくところは知れている」ぐらいの意味だろう。

タイミーで働くことは、高が知れている。それは主として経済的な意味である。要するに、どんなに頑張って働いても、給料は少ないということ。その中にあって、少しでも時給の高いところを探したところで、低所得という全体傾向に変わりはない。

ならば別の報酬を期待しないとやっていられない。その別の報酬の一つが感謝であると思う。その報酬はぼくのやる気の源泉となっている。

心のこもっていない感謝は、口先だけで、お世辞にすぎないと非難する向きもあろう。でもぼくは、おべっかで感謝されたとしても有難いと思う。

感謝とは、優しさ、贈り物、手助け、好意、その他の厚情を受けた人物がそれらを施してくれた贈り主に向けて示す、有難いという気持ちやその感情を表すポジティブな反応のことだ。

タイミーで仕事に就く場合、その職場全体でワーカーに感謝を表してくれるところと（そういう会社は従業員を大切にしている）、ニッシーのように、特定の個人が感謝を表してくれる場合がある。前者は会社の風土だが、後者は個人特性であろう。

多くの職場で、パートやアルバイトの〝階層〟が生まれている。タイミーワーカーはアルバイトであるが、他のパートやアルバイトから下に見られている。もちろん、そういう〝階層〟は好ましくないと本人たちに注意喚起し、パートやアルバイトの仲間意識を醸成しようとするマネジメントもある。しかしそういう会社は未だ少数である。大半の職場では、タイミーワーカーは、パートやアルバイト・カーストの最下層に位置付けられている。

最下層にいるタイミーワーカーを、マネジャーは「使ってやっている」、他のパートやアルバイトは「使ってなんぼのもの」と思っていると、職場の空気が淀んでくる。そこには、笑顔、タイミーワーカーへの感謝や労わりなど皆無である。

当のタイミーワーカーは、居心地がよくない。はっきりいって不快である。一度勤務したら、多くのワーカーが「C：二度と行かない」と評価するだろう。

結局のところ、そういう職場にはワーカーは根づかない。すぐにやめて行くから人がころころかわる。

他方、従業員を大切にしている会社は、いつも笑顔に満ちている。経営やマネジメントはワーカーに対してはもちろんのこと、同僚のスタッフも互いに、感謝や労りを忘れない。そのように有言実行をしている。

ぶどうの森に勤務したある日、創業者（現会長）の西さんが突然店にお越しになった。菓子折り（自社商品だったが……）までお持ちになって。

派遣スタッフの西田さんが、「タイミーから来てもらっている須来間さんです」とぼくを紹介してくれた。すると西会長は、「いつもうちで働いてくれてありがとうございます」とぼくに感謝を伝えられたのである。

「感謝が最大の報酬である」を実感した。すると不思議だが、ぼくの勤労意欲が高まっているのに気づいた。ニッシーの個人特性と相まって、ぶどうの森の会社風土が、そこで働く人たちを大切にしている。こういう職場には恩返しをしたいと思う。

皆さまのお役に立てますよう。

9　自身の隠れた才能に気づく：当意即妙に応じる

R遊というレジャー施設で体験したことが、今でも強く印象に残っている。

クレーンゲーム（UFOキャッチャー）のメンテナンス業務であった。これはどういう仕事か。解説しよう。

客はコイン（ふつうは百円玉1枚で1プレイできる）を投入したら、クレーンを動かして中に設置されている景品をつかみ、出口ボックスに落とす。うまく落ちたら、その景品をゲットできる。

R遊には、クレーンゲーム機が優に100台以上ある。百円でプレイできるとあって、大勢の客が次から次へとゲームを始める。

クレーンゲーム機というのは、客がプレイした後、機内の状態が変化する。だってそうだろう、客が景品をゲットすれば、景品がなくなっているわけだ。だから次の客のために新しい景品をセットしないといけない。また客が景品をゲットし損ねていたら、その景品は機内の元の位置から動いている。だから次の客のために、景品を初期位置に戻さないといけない。

これが仕事になるわけだが、ぼくは当初もくもくとその作業をやり続けるだけでよいと思っていた。ところが現実は違うのである。

還暦タイミーさんの九つ目の哲学である。

「自身の隠れた才能に気づく」

二つの事例を紹介しよう。

あるカップルが、並んだ2台で各々プレイしていた。彼女のほうは1プレイで景品をゲットできた。ところが横の彼は10回プレイしても景品をゲットできない。

ゲーム機の構造は同じ。彼女は、彼が欲しいチョコレート菓子を、彼は、彼女がおねだりしているぬいぐるみをゲットして、互いに贈りあうという計画だったようだ。まことに微笑ましい情景である。

彼は、困った顔をして、傍を巡回していたぼくに声をかけてきた。

「これ、どうしたら取れますか」

ぼくは臨時できたタイミーワーカーにすぎない。クレーンゲーム機の上手な操作法など知るはずもなく、なんとも答えられなかった。しかもやれることは景品をセットしたり、景品を初期位置に戻すことだけだ。決して景品を落ちやすいように置くなどの行為をしてはいけないと指導されている。

ぼくは、これまでの様子から、彼が、彼女の手前、プレイが下手くそで恥ずかしい思いをしていると観た。しかももうこの時点で20回以上もプレイしている。ぼくの判断で、ほんの少しだけだが、落ちやすいように景品を置き直してあげた。果たして彼は景品をゲットした。それを贈られた彼女は満面の笑みをたたえた。そして、なんと2人でぼくに感謝を伝えてきたのである。

傍でその様子を見ていたR遊の社員が、

「須来間さんの接客はすばらしい」と褒めてくれた。

もう一つは、子どもたちへの対応である。

小さな子ども向けに、30円で1プレイできるミニゲーム機もたくさん設置されている。

「これ、壊れているの」

ある女の子が泣きそうな顔で、巡回しているぼくに声をかけてきた。どうやら景品は電子機器のようで、中の電池が飛び出してしまい動かなくなっていた。

「ほんとだ、壊れてるね。新品に変えてあげよう」

とその子を慰めて新品を渡そうとした。とその時、そのやり取りを見ていたR遊の女性社員が、

「須来間さん、景品をゲットした後に、客がいじって壊したものを交換してはいけません」

と、その女の子にも聞こえるように言ってきたのである。

ぼくは、この社員はアホだと思った。

なぜ「景品が最初から壊れていた」ということにしてあげないのか。その子の親御さんも遠巻きに様子を見ているのである。客を喜ばせるレジャー施設にあって、小さな子どもを悲しませているのである。

その後、ぼくは店長に苦情を呈した。

「業務はマニュアル通りに必ずしもやればよいというものではない」

店長は聴く耳を持った人で、

「須来間さんの、そういう臨機応変な態度が、今の若いスタッフに欲しいです」と言ってくれた。

ケースバイケースとは、原則にとらわれず、一つひとつの場合に応じて考え、適切な処置をとること。ぼくにはこの隠れた才能があるようだ。


別の二つの事例も紹介しよう。

まことにレアな求人があった。繁華街にあるMSホテルである。求人には「ホテル周辺の観光案内をしてもらいます」とあった。

一般的な職種名だと、フロント業務であろう。実際に働きに行ってみて事情が呑み込めた。MSホテルは日本人の支配人と、若干の契約社員がいるだけで、あとはベトナム人とか、ネパールから働きに来ている男女とも若いスタッフがいた。

支配人が言うには、外国人の若いスタッフは日本語も上手に話せて、フロント業務それ自体は丁寧にやってくれるし、とても優秀であるらしい。ところがMSホテルは、主として旅行代理店経由の団体客、しかもインバウンド客は受けず、日本人観光客を受け入れるホテルなのだそうだ。特に旅行代理店の関西からの団体客を受け入れている。

そういう大勢の日本人観光客がホテルに着いた後、観光や夕食に出かける際、話し好きで、ホテルスタッフに情報を求めてくる。

支配人が言うには、「外国人の若い子たちは、丁寧に案内するけれどアドリブが利かない」そうだ。

例えば、客は「金沢おでんを食べに行きたいが、どういう店があって、各店の歴史、内容、値段、評判はどんなものか。あなたのお薦めはどこか」と尋ねてくるそうだ。

「やはり、あまつぼかな。高砂は値段が高いですよ。菊一はかに面の元祖です。赤玉は、ぼくは避けたいですね」などと答えるとよいらしい。

支配人は、スタッフには〝現地のほんとうのところをよく知っている〟という雰囲気を醸し出して欲しいというのである。外国人の若いスタッフには、そういう対応はできないのだそうだ。

ぼくが実際に観光案内をしてみたところ、支配人に、

「そうそう、須来間さん、とってもいいよ。そういう感じで話してもらえると、とても助かるわ」と言われた。

ぼくは気づいた。還暦タイミーさんは、接客における、状況を観ての応対に優れているのだと。

夫婦で営んでいらっしゃるイタリアンレストランで働いたときも、同じ趣旨のことを言われた。

「若い子たちが料理をお持ちするのと、須来間さんみたいな年輩の方に提供されるのとでは、お客様への好感度が違います」

「タイミーで求人すると、若い女の子がよく応募してくれるのですが、今日は須来間さんでとても良かったと思います。ぜひまた来て下さい」

ぼくは、還暦タイミーさんのニーズを見つけたと躍起した。

それを言葉にすると、「客に寄り添って、その場に相応しい応対やサービスをする能力」となろうか。

ぼくはタイミーワーカーとして働いて、自身の隠れた才能に気づくことが多くあった。先に紹介した事例などを総括すると、「当意即妙に応じる」となろうか。当意即妙とは、「その場にうまく適応した即座の機転をきかすさま」をいう。

ぼくは、「なぜ自分にそういう才能があるのか。なぜその才能はふだん隠れているのか」と不思議に思うことがある。月並みな理由づけだが、過去に類似の状況を経験しているからだと思う。ふだんは忘れている。しかし類似状況に遭えば、デジャブ（既視感）がある。

10 「働かなくてもよいように：脱・還暦タイミーさんに挑む」

還暦タイミーさんの最後の哲学である。

人生で最も大切な資源は何か。それは金だと言う人も多かろう。しかしぼくは、金は二の次で、一番は時間だと信じている。

「好きなことして生きていく」

これがぼくの理想である。問題は、「好きなこと」が多すぎて、それにあてる時間がないことである。

働かなくてもよいのであれば、それに越したることはない。でも低賃金労働者に成り下がっているいま、働かないわけにはいかない。

多くの還暦タイミーさんは、このような矛盾を抱えているのではないだろうか。

還暦タイミーさんはぼくのオリジナルの造語だが、「主としてタイミーで働く60代以上の労働者」という静的な定義を変えてみたい。どういうことか。

「還暦を迎えた者が理想の晩年に向かうための、一つの労働形態にすぎず、その職業人生の通過点」と考えたらどうだろうか。

このトンネルは、長くて3年だなと思う。すでに述べた通り、ぼくは約2年トンネルの中にいる。出口があると思いたいが、ぼくの目には確かに見えてはいない。日々、心の奥では憂鬱に過ごしている。

本書を綴るにあたり、いつも心していることは、還暦タイミーさんに慣れきってはいけないということ。仕事そのものになれても、常連のタイミーワーカーであることには強い違和感を持っていないといけない。

もう一度、ぼくの理想を思い起こす。

「好きなことして生きていく」

脱・還暦タイミーさんに挑む。

いまさらマルクス経済学の話をされても、読者は迷惑だろう。ごめんなさい。ほんの少しだけ我慢して下さい。

資本主義には、資本家と労働者が存在する。資本家は生産手段を持つ人、労働者は生産手段を持たず資本家に労働力を提供する人のこと。労働者は自身の労働力を提供して資本家から賃金を受け取る。つまり労働者は資本家に、労働力を商品として売っているわけだ。

そう考えると、脱・還暦タイミーさんを実現させるには、生産手段を持って、自身の労働力以外の商品を制作するなりして保持しないといけない。その商品に価値を感じる人がいれば買ってもらえる。

例えば、本書である。読者が買って下さったお蔭で、著者のぼくは、わずかながらの印税をいただける。

そういう商品をどんどん制作し多く持とうと思う。

タイミー、すなわちスキマバイトは一つの通過点にすぎない。そう思うことで割り切って仕事に向かうことができるし、そのほうが結果的に雇用主の期待に応えることにもつながり、感謝もされる。

還暦タイミーさんであることは、人生において手段であって目的ではない。

「働かなくてもよいように」なりたい。

あとがき

ぼくは60年以上も生きている。たまに人生を回顧する。ぼくにも往年の職業人生（キャリア）があった。

ぼくは経営コンサルタントだった。中でもＨＲＭ（ヒューマン・リソース・マネジメント）を専門とする人事コンサルタントだった。10年辣腕を振るった。その後会社を興し、さらに10年、大企業の幹部候補生を優れたビジネスパーソンに育てるべく、アクションラーニングの講師を務めた。

往時の報酬は、時給換算すると5万円／時であった。

タイミーの仕事で、時給５０００円の仕事など一つもない。報酬が１／10に減った仕事でさえ皆無なのである。地方都市では、時給は高くても１５００円だろう。通常は１３００円～最低賃金（石川県の場合９８４円）である。つまりぼくはいま往時の１／50の時給で働いている。

「落ちぶれた」と心底思った。とうてい他人には話せない。まったく情けない姿だと思う。

ぼくはかなり落ち込んだ。

だからといって働かない訳にはいかない。ぼくは仙人ではないし、霞を食って生きていくわけにはいかないのである。

仕方なくタイミーで働いたといってよい。食っていくのに金が要るのである。四の五の言わずに働くしかない。

収入が少ないのなら支出を減らす。遊興の類はすべてやめた。生活必需品以外の買い物はまったくしなくなった。食べものには気を配るが、栄養のあるものをできるだけ安く買うようにしている。小難しい言葉を使えば、ぼくの生計は縮小均衡していったのである。

ところがある時から心が晴れた。開き直れたといおうか。これもまた現実の人生だと思えるようになった。ほら、現にふつうに生活できているではないか。

約2年、タイミーで売ったぼくの時間は、タイミーの記録によると3200時間に及ぶ。約4ヵ月半毎日24時間働いたような、途方もない長時間である。

この時間と引き換えに、ぼくは、これまでの人生では得られなかった職業経験をした。先日62歳になったが、人生の後半に新たな職業キャリアを築くことができたのである。

全体的に、生活は不安定ではある。もし怪我などをするか健康を害したら、今のようには働けなくなるだろう。

還暦タイミーさんは、今どうしようもなく悩んでいる。そして直観では悟っている。それは、還暦タイミーさんから、違う何者かに変身していかなければならないということである。
その何者かの姿を模索しつつ、ぼくは、明日も還暦タイミーさんとして働きに出る。

2025年4月

須来間唄人

須来間唄人（すきま・ばいと）
1963年、大阪府生まれ。46歳のとき会社を興し独立自営の道を歩みだしたが、10年少し生き延びたものの、やがて仕事がなくなり休業。心機一転、縁もゆかりもない金沢に引っ越した。父も母も他界し兄弟姉妹なくあっけなく家族終了。パートナーとも薄運で「おひとりさま」まっしぐら。生活するために日雇い仕事の毎日で、タイミーで活路を見出そうともがいている。

還暦タイミーさん奮戦記――60代、スキマバイトで生きてみる

2025年5月10日　初版第1刷発行

著者 ――― 須来間唄人
発行者 ―― 平田　勝
発行 ――― 花伝社
発売 ――― 共栄書房
〒101-0065　東京都千代田区西神田2-5-11出版輸送ビル2F
電話　03-3263-3813
FAX　03-3239-8272
E-mail　info@kadensha.net
URL　https://www.kadensha.net
振替 ―――00140-6-59661
装幀 ――― 黒瀬章夫（ナカグログラフ）
イラスト ―― 平田真咲
印刷・製本― 中央精版印刷株式会社

ISBN978-4-7634-2173-9 C0036